本书编委会

主　编：　曹　璇　曾　艳　李　想

编写人员（按姓氏拼音排序）：

　　　　陈　熙　付　玉　孟泓沁　易姜琳　赵鹏霞

插　图：　黄　颖

成长拼图

CHENGZHANG PINTU

——青少年体验式心理活动手册

（上）

曹璇　曾艳　李想 ◎ 主编

四川大学出版社
SICHUAN UNIVERSITY PRESS

项目策划：唐　飞
责任编辑：庄　溢
责任校对：荆　菁
封面设计：墨创文化
责任印制：王　炜

图书在版编目（CIP）数据

成长拼图：青少年体验式心理活动手册 / 曹璇，曾
艳，李想主编 . — 成都：四川大学出版社，2022.6
ISBN 978-7-5690-5073-8

Ⅰ．①成… Ⅱ．①曹… ②曾… ③李… Ⅲ．①青少年
—心理健康—健康教育—手册 Ⅳ．① G444-62

中国版本图书馆 CIP 数据核字（2021）第 212814 号

书名	成长拼图——青少年体验式心理活动手册
	CHENGZHANG PINTU——QINGSHAONIAN TIYANSHI XINLI HUODONG SHOUCE
主　编	曹　璇　曾　艳　李　想
出　版	四川大学出版社
地　址	成都市一环路南一段 24 号（610065）
发　行	四川大学出版社
书　号	ISBN 978-7-5690-5073-8
印前制作	墨创文化
印　刷	四川盛图彩色印刷有限公司
成品尺寸	170mm×240mm
印　张	27.5
字　数	450 千字
版　次	2022 年 6 月第 1 版
印　次	2022 年 6 月第 1 次印刷
定　价	118.00 元（全两册）

◆ 读者邮购本书，请与本社发行科联系。
　 电话：(028)85408408/(028)85401670/
　 (028)86408023　邮政编码：610065
◆ 本社图书如有印装质量问题，请寄回出版社调换。
◆ 网址：http://press.scu.edu.cn

四川大学出版社
微信公众号

前　言

每一个青少年都将经历成长，长大成人。

然而成长的过程并非一帆风顺。处在青春期的孩子，在生理、心理、学业、家庭等各种因素的叠加影响下，还可能会经历"疾风暴雨期""心理断乳期"。那些正在发育并不断长壮长高的身体常常包裹着一颗脆弱而敏感的心，那些看似平静的面庞下也许藏着成人不能理解的痛苦和迷茫。在日益优渥的物质条件下，在竞争越来越激烈的社会环境中，在越来越发达的网络世界里，当代青少年内心的孤独感、隔离感、无意义感却越来越强。面对现实，我们的学校教育在帮助青少年获得学业成功的同时，更应该正视这些问题，感受他们内心的痛苦，关注他们成长的烦恼，寻找更适合他们的积极有效的教育途径和方式。

那怎样才能积极有效地进行心理健康教育呢？根据我们多年从事中小学心理健康教育的经验，学校心理健康教育模式有其自身的特点，强调的是"面向全体学生，以预防性和发展性辅导为主，以矫治性辅导为辅"的理念。就预防性和发展性而言，心理健康教育课程是最能体现这一辅导理念的教育方式。它面向全体学生，有着个体心理咨询所不能比拟的天然优势，有利于解决普遍、典型的学生心理问题，有利于大面积开展心理健康教育，有利于整体提高学生心理健康水平，提升学生心理素质。但现有的一些心理健康教育课程及教材在方法上体验性不强，在课程实施上灵活度不够，因此，我们一直想编写一本更能满足青春期学生心理需要，话题新鲜、活动有趣、体验性强、容易操作的体验式心理活动手册。

机缘巧合下，我们有幸结识了"青年发展基金"，他们设计的一套"活出精彩"正面成长课程给了我们很好的启发。我们以当前青少年在青春期的心理发展需要为主题，以积极心理品质培养为导向，以体验式学习为主要方式，创造性地对心理课程和团体辅导活动进行了有机融合，编写了这套体验式心理活动手册，供广大心理教师、班主任、辅导员及喜爱青少年心理健康教育工作的同行系统学习，希望大家能轻松上手、灵活使用。

本手册在编写过程中力求突出以下特点：

一、体现"生本课堂"

没有哪一门课能比心理活动课更能体现"以生为本"的宗旨。它遵循"从学生中来，到学生中去，为了学生健康成长"的原则。心理活动课的内容体系不是以心理学的理论知识体系为主，而是以学生的心理发展需求为导向；心理活动课的主要目的不是讲授心理学的概念知识，而是帮助学生积累心理健康常识、提高心理健康意识、学习运用心理调适方法、提升心理健康水平和增强心理素质等。心理活动课的实施是以增强学生在活动中的情感体验和心理感悟为主的。因此"以生为本"的课程设计理念应贯穿本手册编写的始终。

二、体现"发展性"和"预防性"辅导

心理活动课不同于个体心理咨询以"心理问题"为切入点、以"心理疾病矫治"为主要方式，而是秉承"心理素质取向"，以教育或辅导为主要方式。其基本辅导理念为"相信每一个学生都有向上、向善发展的需要，相信每一个学生都有自己解决问题的潜能"。心理活动课面向全体学生和学生发展的全过程，以提升学生心理健康水平为中心。同时可以对青少年提供"防患于未然"的心理辅导，帮助其顺利度过心理发展的各种危机期，

避免或减少出现不良心理或行为问题。可以说发展是为了更好的预防，预防是为了更好地发展。

三、体现"活动性"和"体验性"

"活动"和"体验"是心理活动课最核心、最活跃的两个要素。如果说学科课程的中介是"文本"，那心理活动课的中介就是"活动"。人的心理发展是在人与人交往、人与环境互动的过程中实现的，活动是将心理学知识转化为心理品质的中介环节。与学科课程以书本上的知识为主要载体不同，心理活动课是以人的个性化的经验知识为主要载体的，这种直接的经验知识常常是通过参与、体验、感悟被激发而来。每个人的直接经验都可能是不同的，因此是体验性的，也是个性化的。所以心理活动课是一种体验式学习。通过活动充分体悟到的学习是一种内化式的学习，主动而持久。

本套手册分为上、下两册，共设计了八个专题内容，分别为积极适应、情绪管理、自我悦纳、沟通协作、心理弹性、青春飞扬、生涯规划和生命教育，主要体现青春期学生的心理发展需求，并力求将其具体化为核心能力培养。每个专题包含四至八个主题活动和两个综合实践活动。主题活动主要是在常规课堂上以师生教学互动的方式进行，而综合实践活动则会将学生带出课堂，让学生回到家庭、走进社会，联结更多的人和事，在更开放的实践活动中，增强自己的心理体验和感受，增进与他人的互动交往，促进新的行动，建立更多的支持系统。这也是本手册的一个小小创意。

本套手册取名为《成长拼图》，意在把这八个心理健康专题的六十五个主题活动作为一块块"成长拼图"，陪伴青少年走过可能充满疾风暴雨却也风景无限的青春期。当一块块成长拼图被完美地拼接起来，就会帮助青少年形成自己的心灵地图，为心理赋能，更好地认识自己、发现自己、完善自己、喜爱自己。

愿此书能为青少年心理健康赋能，助力他们更好地成长！

编者

2021 年 12 月

目录 MULU

生涯规划（上）

生命教育（上）

使用指引

一、本书内容框架及使用建议

（一）本书目标

1. 面对心理问题，促进青少年正面成长。

青少年正处于急剧变化的社会环境中，在他们身上出现的很多现象令我们担忧——学业压力大、亲子关系紧张、遭遇校园暴力、网络成瘾增多……在这样的环境中，系统的心理健康教育会有助于青少年正面成长。

在他们的成长过程中，学校是最有可能集中对青少年进行心理健康教育的场所。我们希望通过学校的系列活动，帮助青少年增强对家庭、对群体的归属感；帮助他们将自己在自我认识、情绪管理、人际交往、问题解决等课题中学习到的方法运用于生活实践，以提升自我效能感，培育足够的心理弹性来应对成长中的烦恼和问题。

2. 发展心理素质，促进青少年不断自我反思。

心理素质是以生理素质为基础，在实践活动中通过主体与客体的相互作用，而逐步发展和形成的心理潜能、品质与行为的综合。良好的心理素质包括健康的心态、良好的性格、较强的适应能力，以及适当的行为表现等。如何培养青少年良好的心理素质呢？我们通过不同的情景、不同的体验、不同的提问去促进青少年对自我成长的觉察和反思，培育青少年的成长型思维，帮助他们养成成长反思的习惯。这个习惯对青少年至关重要，有助于他们独立思考，应对生活中的各种挑战，在未来纷繁复杂的社会生活中能有效应对并不断完善自我。

（二）适用对象

本套手册的活动设计的主要适用对象是七八九年级学生，部分活动也适用于小学五六年级和高中一年级的学生。为了适应团体活动的需要，我们将使用这本手册的教师、社会工作者和其他的活动带领者统称为带领者；参与者主要是指青少年。

（三）内容和框架

1. 活动目的。

这一部分体现了每个主题活动希望达成的目标。目标是以参与者为主体来表达的，所以对目标是否达成的检测也应是基于参与者"参与"的角度，而不是带领者是否完成"教"的角度。

2. 准备材料和工具。

这一部分是活动实施前应准备的各种工具和材料，带领者可以根据活动实施的需要调整数量和材质。

3. 活动内容和流程。

这一部分包括三个环节：暖身活动、主题活动、总结。

（1）暖身活动：目的是让参与者动起来，可以是身体动起来，也可以是头脑动起来。通常用时五至十分钟，带领者也可以根据活动的需求进行调整。

（2）主题活动：为了达到本主题活动目的而设计的体验式或情景式活动。参与者通过体验和反思达到活动目标。反思可以是个人的，也可以是全体的。参与者通过讨论和倾听，形成多维度、多层次的经验总结，并促进实践运用。

暖身活动和主题活动的操作指南包含以下内容：活动步骤——每个活动带领者的具体操作步骤。引导要点——在活动环节中提到的要点，可能是预设的，也可能是活动中生成的。带领者应及时回应并总结、提炼，如有必要，也可进行适度升华。技能 UP——包括活动设计意图、操作中的注意事项、灵活变通的相关提示（例如，关于时间处理、活动的变化、场地的改变等），以及部分知识点的补充说明。

（3）总结：梳理此次活动方案的要点。带领者与参与者共同回顾、总结本活动的重要内容。

4. 活动单。

活动单附在每个活动方案后，是参与者的学习工具，用于指引活动、促进反思，记录讨论结果等。具体使用方法每一个活动步骤中都有明确指示。

5. 单元反思及拼图。

本套手册在每个单元后都附有成长拼图，正面是本单元的成长反思，背面是一块拼图。

正面包含两个内容：成长反思和成长加油站。成长反思由参与者填写，分为四个部分：事实（Facts）、感受（Feelings）、发现（Findings）和未来（Future）。事实、感受是指在学习过程中发生的事实和感受；发现可以是在活动过程中的发现，也可以是活动之后的发现，所有的发现都指向未来的行动。建议参与者的填写内容尽量具体并指向未来的行动，便于学期后总结。成长加油站是带领者在收回参与者的反思后填写的。带领者给予简单的正向反馈即可，可以是一段鼓励的话、一个句子、一个词，也可以加盖加油鼓励类的印章，视带领者习惯而定。

完成正面内容后，带领者指导参与者填涂背面的拼图，提醒参与者注意不是整体填涂，而是在标有数字的区域涂色。每完成一册，八张涂色的图片可以拼成一个英文单词。本套活动手册设计有十六张图片，将"grow"（成长）和"life"（生活）隐藏在了拼图中。建议带领者在每一单元完成后将反思拼图收起来，最后一节课发给参与者，让参与者自行拼成个人的成长拼图。

（四）活动选用及时间安排

本套手册的定位是体验式活动操作手册，按一定逻辑顺序编排。根据以往实践经验，所有课程全部使用效果会更好，但考虑使用者条件的限制，可根据实际情况选用并修改细节，在技能 UP 中也会给出部分活动的调整建议。

每一个主题活动的建议时间是四十分钟。带领者可根据参与者的年龄特点、讨论情况和深入程度做调整，拆分和组合都是可以的。

（五）活动场地

本套手册为了方便学校使用，设计的活动场地基本以教室为主。带领者可以根据带领风格的不同选用不同场地设计，但务必要预留足够的活动空间。如果没有特别注明场地安排，可根据需要对教室略做调整。综合实践活动大多利用课余时间进行，部分活动在校外开展，使用者可根据情况选用。

二、理论背景与方法

（一）理论背景

本套手册以当前青少年心理发展需要为主题，以良好心理素质培养为导向，以体验为基础，整合了心理课程、心理团体辅导等多元形式，在"做中学"理念的指引下，将心理课程和团体辅导活动有机整合，达成青少年情感体验、知识建构、技能习得和素养提升等目标。

本书涉及以下理论背景。

1. 体验式学习理论。

美国社会心理学家大卫·库伯（David Kolb）于二十世纪八十年代提出了体验式学习理论。他构建了一个体验式的学习模式——体验式学习圈，如下图所示：

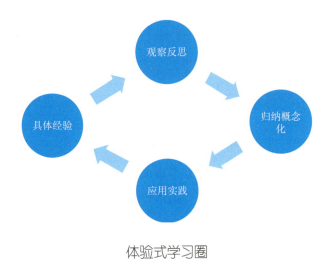

体验式学习圈

首先，在活动体验中产生具体经验，再通过观察与提问去反思体验中发生的事实和由此产生的感受，在聆听的过程中与其他参与者产生思维的碰撞，最后将在这个过程中的发现进行归纳和概念化，完成知识的转换，并尝试运用在下一次体验或者生活实践中，得到新的经验。

本套活动手册设计的特点是强调活动过程中"教"与"学"的合作，旨在培养参与者独立思考、沟通协商、与他人合作及创造的能力，帮助参与者树立自我负责的态度。它致力于创造空间，在"自由表达"与"自由参与"中，逐步达到知识的整合，并促进实践应用的发生。

2. 建构主义。

建构主义认为，知识是学习者在一定的情境即社会文化背景下，借助其他人的帮助，利用必要的学习资料，通过意义建构的方式而获得的。建构主义还认为，知识只是一种解释，一种假设，它并不是问题的最终答案。学习者对知识的接受只能靠他们自己的建构来完成。以他们自己的经验、信念为背景，形成对相同知识的不同程度、不同维度的理解。而学习者对知识的应用，是基于这些独特理解之上的。

本套手册中的活动设计的特点是最大限度地尊重每个人原有的经验，在此基础上进行知识的建构。参与者在体验中形成和自己生活紧密相关的理解，由此实现知识向实践的迁移。

3、团体动力理论。

心理学家库尔特·勒温（Kurt Lewin）在二十世纪三十年代提出了"心理动力场"的概念，这是团体动力学的理论基础。

团体是指两个或两个以上独立的个体通过彼此之间互动而产生影响的一种集合体，是为了共同完成特定的目标而结合成的组织[1]。团体构成的要素包括人数、时间、场地、成员、目标、类型、活动设计和互动关系等，它们共同构成一个动力整体。

勒温认为，团体动力是一个团体形成和存在的心理力量，是一个"场"，个体的心理和行为随着本身所处动力场的变化而发生改变。个体进入团体后，会受到团体氛围的影响，逐渐接受团体规范，增强团体凝聚力，从而形成相对稳定的团队，

---

[1] 樊富珉. 团体心理咨询 [M]. 北京：高等教育出版社, 2005.

共同实现团体目标。这之后个人行为会随团体变化而发生变化。这就使通过干预团体而改变个人成为可能。

在本套手册的系列活动中，参与者就共同关心的话题进行讨论和分享，在团体中得到共鸣和各种正向反馈，同时他人犹如一面镜子，帮助个体自我觉察和内省。带领者通过动力交互作用，推动参与者产生团体积极经验，引领和协助他们产生建设性行为，激发参与者的自我教育的意识，促进人格健康发展，提升社会适应力，从而真正达到提高心理素质的目的。

（二）主要方法

如何有效推进体验式学习，促进青少年自我反思？在本套手册中，我们使用了"4F"经验反思法。这个方法源自英国学者罗贵荣（Roger Greenaway）的动态回顾循环的引导技巧[1]。

"4F"是指事实（Facts）、感受（Feelings）、发现（Findings）、未来（Future）四个维度。

在体验式活动中的每一个环节中都可以从这四个维度提问。对事实的提问往往与活动中出现的可观察到的片段有关，如"刚才我们看到什么？听到什么？"；对感受的提问是对活动中产生的情绪、感受和直觉提问，如"活动中印象最深刻的是什么？"；从发现维度提问是为了归纳和促进转化，如"顺利完成这个活动的经验是什么？没有完成的觉得哪些需要改善？"对未来的提问是启发参与者去思考活动中所学可能对生活发生的影响，如"今天学到的可能会对你的未来生活带来什么影响？"。

带领者的提问是为了帮助参与者进行反思，不一定严格按照"4F"的顺序进行，可以根据活动进度和成员特点灵活使用。就方式而言，参与者的反思可以是集体的，也可以是个人的；可以是静态的，也可以是动态的。

"4F"经验反思法还用在了单元后的反思中，带领者按照"4F"经验反思法指导参与者填写成长反思，从而起到回顾总结整个单元的作用。

---

1 甘炳光.小组游戏带领技巧—从概念到实践 [M].香港：香港城市大学出版社，2009.

三、活动带领技巧

（一）共同遵循的原则

1. 尊重。

尊重包含尊重自己和他人。尊重自己要求全体成员规范自己的行为，符合活动角色需要。尊重他人最重要的是聆听，在他人发言时给予全部的注意力并做出相应回应；尊重彼此的不同，当他人有不同意见时，在听完他人表达后再做表达，不打断、不评判、不抨击、不嘲讽。当成员有违纪行为或不当的表达行为时，在确保氛围安全的前提下，所有人（包括带领者）要给予他适度的试误空间。

2. 隐私保护。

隐私保护包含保护自己的隐私和他人的隐私。保护自己的隐私是指适度自我暴露。对带领者而言，进行自我暴露的前提是内容要与活动高度相关，并能推动活动进程；对参与者而言，要考虑活动后的舆论影响，尽量适度暴露。保护他人的隐私是指在活动中发生的事件（涉及自己和他人生命安全的事件例外）都不宜告知活动外的人。

3. 积极关注。

不论带领者还是参与者都应关注课堂中积极正向的事件和力量，在活动中唤醒和播种希望。

4. 真诚。

在活动中的表达应遵循真诚原则。指出他人存在问题的同时应当提出建议，而不只是简单指责。

（二）对带领者角色的建议

在体验式活动中，带领者明确自己的角色和功能是至关重要的。

和传统的教育不同，传统教育中教师往往是组织者、讲授者，体验式活动中带领者的角色和功能有以下特点：

1. 带领者是引导者。

带领者根据活动目标对参与者进行引导，前提是他们之间有很好的关系和良性的沟通，在这个意义上，带领者也是平等尊重氛围的营造者和维持者。

2. 带领者是促进者。

带领者往往根据活动进程对参与者进行推动，并根据参与者个人特点决定推动的方式和力量。通过提问促进参与者的反思和交流，在活动中形成思维的碰撞，促进参与者整理自己的经验，并形成可以指导实践的观点和行为。

3. 带领者是示范者。

带领者要切实熟悉每个活动的内容，当参与者对讨论的参与度不高时，带领者要适度自我暴露、示范分享。同时，带领者也应示范各种正向行为，如情绪管理，"我信息"表达等。

4. 带领者是教育空间创造者。

教育在某种意义上是创造空间。带领者通过环境创设、对课堂节奏的掌握和提问创造出层次不同的空间，鼓励参与者在安全的氛围中去探索，协助参与者进行多维度的觉察和反思。

（三）对带领过程的建议

带领者在教学过程中，要做到以下几步。

第一步，在活动前，认清参与者的需要。如果可能的话，尽可能了解参与者的特性、爱好和学习风格。从参与者需求出发，我们可以确保活动有意义、有价值；了解参与者的特点和风格，有助于在带领细节中处理好轻重缓急，对不同的参与者实施不同的推动或保护策略。例如，对活动中保持沉默、内向思考的参与者，不急于推动，给予空间，直到他自己愿意参与讨论并发言。

第二步，在活动过程中不断设置伏笔和新的疑问，引起参与者的探索兴趣，激发其全程投入的动机。例如，我们会通过前面的暖身活动为后面的主题活动埋下伏笔，引起参与者对本节课的兴趣。

第三步，在活动中和活动结束后，要有恰当的提问促进反思，我们在本套手册中写出了建议提问，帮助带领者尽快进入促进反思的状态。如果没有反思，活动就仅仅是活动，有反思才能促进经验的概念化，为下一步将其应用于日常生活做铺垫。

反思不仅仅是个人的，要促进所有参与者的交流，尽可能在交流中开阔参与者的视野，形成"顿悟"。

第四步，在活动结束后，要想办法促进参与者迁移学到的经验，在生活中实践。

（四）活动带领策略

1. 良好的关系是关键。

带领者与参与者是平等的，相互尊重的。这要求带领者具备同理心，适当有效回应；能够接纳、尊重自己和参与者；表达期望，引起参与者的学习动机；对参与者有要求、有原则、有底线。

2. 建立良好关系需要良性沟通。

细心聆听、真诚关怀；恰当提问、引发思考；不评判，不急于给意见；合适地表达及传递明确、正面、理性的讯息；用"我信息"沟通。

3. 要有共同遵循并能有效执行的规则。

带领者与参与者共同订立规则，规则宜简单明了、易记忆；正面表达规则，温柔而坚定地执行。

4. 活动中尽量鼓励正面行为，把违规行为有效转化。

参与者常常有很多行为，有正面的，也有负面的。带领者要着重鼓励、赞赏他们的正面行为，尽量少责罚，对每个违规行为的处理尽量以全体参与者受益为目标。

（五）活动带领具体操作建议

1. 分组安排。

如果可能，课前让参与者分组，四人小组为宜，有一些活动有特别要求，则按具体活动要求做。如果参与者要求自由分组，这可能会增大活动管理难度，带领者可视参与者年龄和活动内容情况而定，但要事先做好约定。参与者也可能要求调组，调组会影响小组凝聚力，原则上不调组，但若有冲突发生，带领者要协助处理。

2. 活动讲解。

在分发物资前讲解清楚活动的程序和规则，确保每个人能听懂，指令清晰，避免参与者在活动过程中不断发问。在讲解结束后也可以请参与者提问，带领者向全体成员再次澄清规则。对竞争性活动带领者要清楚讲解评定结果的标准，非竞争性活动要明确告知参与者活动是非竞争性的。

3. 分组活动。

有时组内参与者容易精力分散或跑题，建议明确讨论议题，做好组内分工。带领者要不断督促各小组的运作并做相应提醒。

4. 角色扮演。

如果可能，尽量在课前布置，防止表演失控。带领者也可共同参与演出。

5. 全员讨论。

保持全员参与，用非评判的态度，尽量尊重参与者的个性特点和学习风格；鼓励但不强迫内向者发言，切忌发言内容不着边际，也不要让讨论环节成为部分参与者的"一言堂"。

6. 经验共享。

带领者的适度分享可促进参与者表达，但要注意在课程中所占比重不宜过多；尊重不同意见，鼓励表达，但不允许参与者违规和侵犯他人边界。

7. 吸引参与者注意力。

活动结束后或后期集中时需要吸引参与者的注意力，约定手势或运用声音都是不错的办法。

8. 表达对参与者的鼓励。

可以用以下几种方式。（1）身体语言：如拍拍肩进行肯定，但使用身体语言需要谨慎，因为每个青少年对身体语言的接受程度是不同的；（2）赞美的语言：不可为赞而赞，要针对具体行为表达具体的欣赏；（3）象征式鼓励：类似于行为主义的代币法，使用贴纸、固定手势之类进行鼓励；（4）物质奖励：要谨慎使用，会对学习动机有一些影响。

9. 把握好违规行为的转化。

参与者常常出现违规行为，带领者应尽量读懂参与者违规行为背后的动机和需求，把违规行为转化为可以正向满足其需求的行为，把违规时刻变成所有人都受到教育的机会。带领者示范对违规者的尊重和爱，在此基础上强调违规要承担相应责任。这对全体参与者来说都是很好的学习机会，也能有效维护大家的归属感。

总之，教学有法，教无定法，贵在得法，我们需要在把握原则的基础上灵活运用。一开始可能不是那么得心应手，但抱着接纳自己的态度不断学习应用，会在促进青少年正面成长的同时，不断拓展自己的成长空间，真正与青少年同行。

积极适应

（上）

JIJI SHIYING

致同行者

人们常说："好的开始是成功的一半。"能否积极主动地快速适应初中生活，往往深刻地影响着青少年在初中的发展。初中适应涉及多个方面：学业上，学习的难度、强度和科目数量相较于小学都有所增长；同伴关系上，他们要离开小学时期的朋友圈，结交新的朋友；还要适应全新的校园环境、学习条件、作息规律和老师。伴随这一切的，还有孩子们在青春期的身心变化。因此，积极适应的主题在这一阶段不仅是重要的，更是富有挑战性的。

积极适应专题作为本书的第一部分，旨在帮助孩子们快速适应初中生活，让他们踏出三年初中旅途中坚实的第一步。

"求同存异"通过兼具趣味性和启发性的活动，促进孩子之间的相互认识，帮助孩子形成最初的归属感。"进阶求学路"引导孩子直面小学和初中的变化，全身心地投入到当下的学习生活之中。"学习风格揭秘"引导孩子认识并反思自己的学习风格，选择优势学习风格，并锻炼加强自己相对弱势的方面，以实现全方位的发展。"穿越校园"综合实践让孩子在小组中发挥创意，共同绘制一幅校园地图，加强他们对校园的认同感和归属感。

在执教积极适应单元的活动时，带领者应时刻明确单元内容对于孩子们的重要意义：我们使用各种方式是为了帮助孩子们开启人生路上的一个新的章节。因此，我们要引导孩子们正确看待过去了的小学时光，帮助孩子们构筑并努力实现美好的今天和未来。

活动目的

1. 加深对彼此的认识，建立更多的联结，对团队有归属感。

2. 理解每个人都是不同的，求同存异是相处之道。

准备工具与材料

1. 九宫格游戏纸（活动单）。

2. 彩色笔（每组一盒）。

3. A3 纸（每组一张，用于呈现讨论结果）。

活动内容与流程

暖身活动：异掌同声（5min）

活动步骤

1. 带领者用手拍出某一段节奏，邀请参与者仔细聆听。

2. 拍完后要求所有参与者一起拍出相同的节奏。

3. 讨论与分享。

A. 当拍出来的节奏不同 / 相同，我们感觉怎么样？

B. 拍出来的节奏不同，可能的原因是什么？

C. 有没有可能拍出相同的节奏？需要怎么做？

🚩 引导要点

★ 从刚刚的活动中我们不难看出，每个人对信息的理解和反应是不同的。在每个人身上，其实存在着很多方面的差异。所以在一个新的团队中和他人相处时，我们需要求同存异。

🔍 技能 UP

★ 可能有参与者会因拍得不够整齐而自责或责备他人，这时可以引导他们明白每个人对节奏的感受是不一样的。

★ 可以尝试不同的节奏，以丰富体验的层次；也可以多次练习同一节奏，直到整齐为止，体验拍出相同节奏的感受。

★ 这个活动可以分小组进行，也可以全体一起进行。

主题活动：欢乐九宫（30min）

📊 活动步骤

1. 参与者拿到九宫格游戏纸（活动单），根据每一格题目写下二到三个关键词（带领者提醒参与者留出一半的空格来签名）。

2. 参与者选择一支彩色笔，拿着游戏纸和笔在教室里随意走动，遇到愿意交流的成员就停下来，相互介绍自己的九宫格，如果有相同或相似的，就在对方游戏纸的那一格签上自己的名字。在规定时间内尽量找不同的人交流，至少五名。

3. 分组讨论（四人小组）以下问题。

A. 自己的活动单上有多少格有人签名？你的感受或想法是什么？

B. 有哪些人在某个格子没有签名？你的感受或想法是什么？

C. 活动过程中，印象深刻的瞬间是什么？

D. 通过活动，对自己或小组成员有什么发现？

E. 哪些人是好朋友？（邀请成员展示游戏纸）你们是怎么看待你们之间的不同的？

4. 小组汇报讨论结果。

🚩 **引导要点**

★ 有人签名会带来愉悦的感受，有助于我们建立联结。

★ 没人签名代表了我们某方面的独特性。

★ 每个人对同一件事有不同的理解，也会带来不同的感受。

★ 差异会拓展我们的视野。

★ 朋友间的相处之道在于求同存异。

🔍 **技能 UP**

★ 视课堂情况，时间不够可使用六格游戏纸。

★ 该活动可用于人际交往、自我认识等不同主题。游戏纸内容可根据目标和参与成员不同做相应变化。

总结（5min）

1. 每个人都是不一样、独一无二的。

2. 差异的存在使我们的生活丰富多彩，差异也会拓展我们的视野。

3. 相同或相似会增强我们的联结。

4. 求同存异是朋友间的相处之道。

活动单

 九宫格游戏纸

我喜欢的书 签名：	我喜欢的食物 签名：	我喜欢的音乐 签名：
我喜欢的老师特点 签名：	我喜欢的影视作品 签名：	我的偶像 签名：
我喜欢的饮料 签名：	我喜欢的运动 签名：	我喜欢的朋友特点 签名：

主题 2

进阶求学路

活动目的

1. 认识初中和小学学习、生活的不同。

2. 面对初中的变化，学习应对方法，积极适应初中新生活。

准备工具与材料

1. 小学与初中对比图（活动单 1）。

2. 我的进阶求学路（活动单 2，每人一张）。

3. 彩笔（每人一盒）。

活动内容与流程

暖身活动：小学的快乐时光（5min）

📊 活动步骤

1. 邀请参与者分享一个上小学时的故事。

2. 采访参与者离开小学来到初中的感受。

技能 UP

★ 可以询问参与者，是否想念小学的老师和同学，来到初中后是否有不适应的地方，对初中的生活有怎样的期待等。

★ 参与者分享小学时的故事可以是关于同学、老师或自己的。

★ 带领者可以在参与者分享故事时，请参与者具体地阐释故事，并引导他关注讲述故事时的情绪。

主题活动 1：小学初中找不同（10min）

活动步骤

1. 向参与者展示"小学与初中对比图"（活动单 1），请参与者依据图片寻找小学和初中学习生活的不同。

A. 小学的学习内容比较简单，学习体验相对愉悦；初中的学习内容比较复杂，学习需要意志力。

B. 小学时有更多时间和同学一起玩乐；在初中大家要为中考、高考和未来的发展烦心。

C. 小学时作业比较少，很快就能做完；初中的科目多、作业多，作业做到很晚都未必能做完。

D. 小学考试满分是 100 分，初中考试满分是 150 分，在初中想考高分更不容易。

2. 请参与者分享，除了图片展示的，自己还感受到初中的哪些地方与小学不同。

3. 讨论这些不同给我们带来的感受。

引导要点

★ 与初中相比，过去了的小学时光可能是愉快的、轻松的。但生活不会停下它的脚步，我们也不能总是沉湎于过去，而应主动面对改变、积极适应初中。

★ 初中的学习难度与小学相比更高，我们应积极开发有效的学习策略来适应初中学习。

🔍 技能 UP

★ 小学的回忆未必都是快乐的。如果参与者的小学生活并不开心，我们依然可以鼓励他积极参与初中生活，度过充实的初中时光。

主题活动 2：我的进阶求学路（20min）

📊 活动步骤

1. 请参与者完成"我的进阶求学路"（活动单2）：首先，填上自己的名字；接着，选择三个不同的物体来代表自己心中"过去的我""现在的我"和"未来的我"，并将它们画在对应的相框里；最后，用文字介绍自己心中"未来的我"，并写下为了成为"未来的我"所需要付出的努力。

2. 分享与讨论。

A. "过去的我""现在的我"和"未来的我"分别代表什么？

B. "现在的我"遇到了哪些困难？"过去的我"能够给你怎样的帮助？

C. 我们需要付出怎样的努力，克服哪些困难，才能成为"未来的我"？

D. 成为"未来的我"给你带来怎样的感受？

🚩 引导要点

★ 适应的过程是困难的，但只要我们找对方法、不懈努力，我们终将克服困难，实现成长。

🔍 技能 UP

★ 鼓励参与者使用各种画风（简单或精致、写实或写意等）完成"我的进阶求学路"。

★ 有的参与者可能会在"未来的我"一栏中画下负面的形象或状态，带领者可以与他们深入沟通当前遇到的困难，并讨论面对困难可操作的应对策略。

总结（5min）

1. 与小学相比，初中的科目多、学习难度大，我们需要主动面对改变、积极适应初中生活。

2. 我们可以从过去的经验中汲取能量、吸取经验，解决当前面对的问题、实现自我的成长，在未来成长为理想中的样子。

活动单1

小学与初中对比图

活动单 2

我的进阶求学路

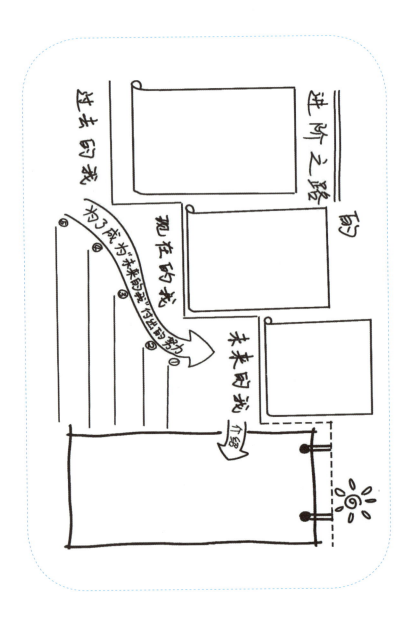

主题 3
学习风格揭秘

活动目的

1. 认识并理解不同的人可能有不同的学习风格或偏好。

2. 发现不同的学习方法，学会根据自身学习风格选择最适合自己的方法，积极适应初中的学习。

准备工具与材料

1.学习风格立方体（活动单1，每人一张）。

2.学习风格与常见学习方法连连看（活动单2，每组一张）。

活动内容与流程

暖身活动：各有所长（10min）

📊 活动步骤

1. 将全体成员分为六个小组，参与者按小组就座。

2. 各小组依次说出一项"比试项目"，比如以下项目：

A. 小组的_____（某位成员的名字）头发最长 / 最短。

B. 小组的_____（某位成员的名字）肤色最黑 / 最白。

C. 小组的_____（某位成员的名字）衣服尺码鞋码最大 / 最小。

D._____小组戴眼镜的人最多。

3. 各小组按照比试内容，派出一名小组成员（如上述 A、B、C）或集合小组力量（如上述 D）参与比试。

4. 每一轮比试中，第二至六名的小组鼓掌，向第 1 名的小组表示祝贺。

5. 分享与讨论。

A. 刚才哪个"比试项目"让你印象深刻？

B. 被小组选中参与比试，给你带来了怎样的感受？（针对被小组选中参与比试的参与者）

C. 你是否还想到了一些自己可能会有优势的比试项目？

引导要点

★ 每个人都有自己的特点、长处。在学习中也是如此，了解自己学习的风格与特点，发挥自己学习的长处，可以让我们更好地提高学习效率。

技能 UP

★ 提醒参与者在提出"比试项目"时，要考虑项目内容是否方便进行量化比较。比如，"小组_____（某位成员的名字）最喜欢数学"就是难以量化的。

主题活动：学习风格立方体（25min）

活动步骤

1. 参与者拿到"学习风格立方体"（活动单 1）。带领者宣读试题指导语及试题，参与者根据要求完成活动单。

2. 带领者对三种活动风格进行简要说明。

A. 视觉型（V）学习者善于通过接受视觉刺激进行学习，喜欢通过图片、图表、录像、影片等各种视觉刺激手段接受信息、表达信息。

B. 听觉型（A）学习者善于通过接受听觉刺激进行学习，喜欢通过讲授、讨论、听磁带录音等口头语言的方式接受信息。

C. 动作型（M）学习者喜欢通过身体运动进行学习，如通过做笔记、在课本上画线、亲自动手操作等来学习。

D. 除上述三类典型的学习者外还有混合型学习者。

3. 分享与讨论。

A. 你属于上述四种类型中的哪一类？

B. 你是否能回想起日常学习生活中的一些具体事实，来证明你的测试结果？

C. 是否有小组成员的立方体和你的立方体较为相似，或截然不同？你们平时的学习习惯、偏好等是否有相同或不同之处？

D. 分享你由学习风格立方体引发的一些思考。

E. 你如何理解学习风格立方体的体积？

4. 参与者完成"学习风格与常见学习方法连连看"（活动单2）。

🚩 引导要点

★ 人们在接受信息时，不同的人有不同感知通道的偏好，有些人喜欢通过视觉接受信息，有些人喜欢通过听觉了解外在世界，还有一些人习惯通过身体运动来探索外部世界，从而掌握有关信息，这种无意识的优势感觉通道就形成了不同的学习风格或偏好。

★ 测验只是我们了解自己的一个渠道，测验的结果也只是我们了解自己的一个参考。测验结果和当下的情绪状态等多种因素有关，只能代表当下。如果你不认可测验的结果，你可以保留你的想法，并在今后的学习生活中多留心反思自己的学习风格。

★ 不同的学习风格并无好坏之分。然而，我们可以有意识地锻炼、提高自己某些感觉通道：我们可以让自己不同感觉通道的能力更为均衡；也可以有意识地扬长避短，运用自己优势的感觉通道，选择相应的学习策略，提高自己的学习效率。

★ 学习风格与学习方法未必是一一对应的，如查阅视频资料既可以对应视觉型学习风格，也可以对应听觉型学习风格。或者说，一些学习方法是和混合型学习风格相对应的。

技能 UP

★ 参与者可以发挥创意，设计美化自己的学习风格立方体。

★ 除了活动单 2 中列举的常见学习方法，还可以请参与者再列举出自己想到的与视觉型、听觉型、动作型或混合型学习风格相对应的学习方法。

总结（5min）

1. 我们可以根据自己的学习风格来选择适合自己的学习方法，提高学习效率。

2. 学习风格之间并没有好坏之分，同时，学习风格也并非不可改变。我们可以通过发展多种学习方法，来有意识地锻炼自己某些感觉通道的能力。

活动单 1

学习风格立方体——探索试题

指导语：根据选项描述与你的情况是否符合，在学习风格立方体对应的轴上进行圆点填涂，相符则填涂一个圆点，不符则不填涂。完成所有试题的填涂后，请绘制自己的学习风格立方体，并完成下方的问题。

Y 轴（V）：视觉型

V1. 我喜欢乱涂乱画，笔记本里常有许多图画或者箭头之类的内容。

V2. 我把事情写下来能够记得更清楚。

V3. 当我想记住某人的电话号码等此类信息时，我得在脑子里"看"一遍才行。

V4. 我答题的时候，脑子里往往能"看到"答案在书中的第几页。

V5. 我在课堂上听讲的时候，喜欢聚精会神地看着主讲人。

V6. 我只要观察过别人做的，无须看书就能学会。

V7. 我读书的时候喜欢用手指或者笔指着所读之处。

X 轴（A）：听觉型

A1. 我只要听见了就能记住，无须看见或者通过阅读。

A2. 我阅读的时候，容易把结构相似的词弄混。如，马与鸟、请与清、them 与 then 等。

A3. 我很难看懂别人的笔记。

A4. 如果让我选择是通过听讲座还是看书的方式获得新信息，我会选择听讲座。

A5. 我对听来的故事比从书上看到的故事印象更深。

A6. 看过的电影电视节目，我对里面的音乐比画面印象更深。

A7. 如果没有电视看节目，听广播也能让我很欢乐。

Z 轴（M）：动作型

M1. 对刚买来的电器或其他新产品，我不喜欢看说明书，我喜欢马上试着去用。

M2. 我喜欢以试错的方式解决问题，不喜欢以按部就班的方式解决问题。

M3. 当我想不起一个具体的词时，我会用手比画着帮助回忆。

M4. 上体育课时，我不喜欢听老师讲动作要领，而是喜欢自己先模仿。

M5. 别人告诉我一个电话号码，我自己不说一遍或者写一遍，一般很难记住，哪怕别人说很多遍或者写下来给我看。

M6. 我比较喜欢手舞足蹈地跟别人说话。

M7. 记笔记能够有效提高我的学习效率。

注：改编自《中学生学习类型测试表》。

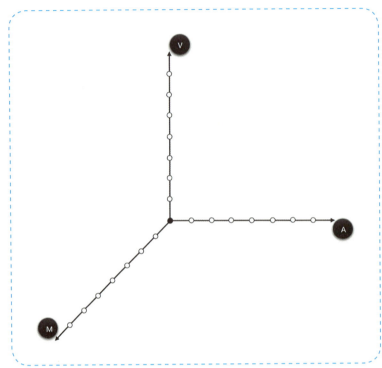

1. 根据学习风格立方体，你的视觉型（V）得分是 ＿＿＿ 分，听觉型（A）得分是 ＿＿＿ 分，动作型（M）得分是 ＿＿＿ 分。

2. 在学习风格立方体所示的三种类型中，你得分较高（大于等于5）的类型是 ＿＿＿＿＿＿＿，得分较低（小于等于3）的类型是 ＿＿＿＿＿＿＿。三种类型中，你得分最高、最有优势的类型是 ＿＿＿＿＿＿＿。

3. 假设每两个圆点的间距为1，那么，你的学习风格立方体的体积是 ＿＿＿＿＿＿。

活动单 2

学习风格与常见学习方法连连看

在实践中学习（如：做实验）

听录音

视觉型（V）　　　　　　归纳整理

刷题

图像记忆法

小组讨论 / 同学讨论

做随堂笔记

抄写

听觉型（A）　　　　　　大声朗读

查阅文字资料

查阅音频资料

查阅视频资料

听讲座

动作型（M）　　　　　　动手操作

做思维导图

列提纲

综合实践
穿越校园

活动目的

1. 绘制校园地图，主动适应新环境和新同伴。

2. 增强对新学校的认同感和归属感。

准备工具与材料

1. 全开海报纸（建议尺寸 781mm×1086mm，每组一张）。

2. 马克笔、彩色笔。

活动内容与流程

活动启动与要求

　　参与者以小组为单位制作一份校园手绘地图，制作要求：先绘制校园整体的平面图，每组成员讨论后再自行选定五个需要在地图上标示出来的校园场所（如：教学楼、宿舍、图书馆、操场、体育馆、食堂、自己发现的神秘有趣之地等）。

实践过程

1. 参与者每四人分为一组。

2. 每组自行选定五个校园场所。

3. 每组将五个选定的校园场所分别进行创意命名，开始在海报纸上绘制地图。

4. 地图绘制完后各小组轮流进行展示和介绍，介绍时应包含以下内容：

A. 为小组的地图命名，并介绍五个校园场所命名的由来和功能。

B. 在五个校园场所中选一个最喜欢的进行介绍。

收获与分享

带领者组织分享与讨论：

A. 你喜欢哪一组介绍的地图呢？喜欢其中的什么呢？

B. 小组初次合作中，你们遇到什么困难？你们是如何求同存异的？

C. 手绘地图制作过程中，你们对校园有什么新的发现吗？

⚑ 引导要点

★ 面对新的校园环境，我们可以积极主动地认识和适应。

★ 通过与新同伴的合作，我们可以更快地熟悉彼此，更好地适应新的环境。

🔍 技能 UP

★ 带领者可以提前自制一份地图作为示范。

★ 小组在展示过程中，其他小组成员可以提问，增加展示的趣味性。

★ 绘制校园地图时，某些校园可能一栋楼的每一层有不同功能，因此带领者可以根据活动需要来设置要求，如以让参与者更快熟悉场地功能为目的，可以请参与者在地图上对某一栋楼的每个楼层做详细介绍。

★ 本节综合实践可以选择在进入新校园后一个月内开展。若参与者已经对校园比较熟悉，可以设置一个升级版活动：请在五个场所中选择一个场所，给这个场所设计一份导游词，侧重增加其对校园的归属感。

总结

1. 通过自己动手制作地图，我们可以尽快熟悉新环境。

2. 我们需要积极主动地适应新的环境和同伴，才能更好地适应新生活。

单元反思

成长反思

事实（Facts）：

感受（Feelings）：

发现（Findings）：

未来（Future）：

成长加油站

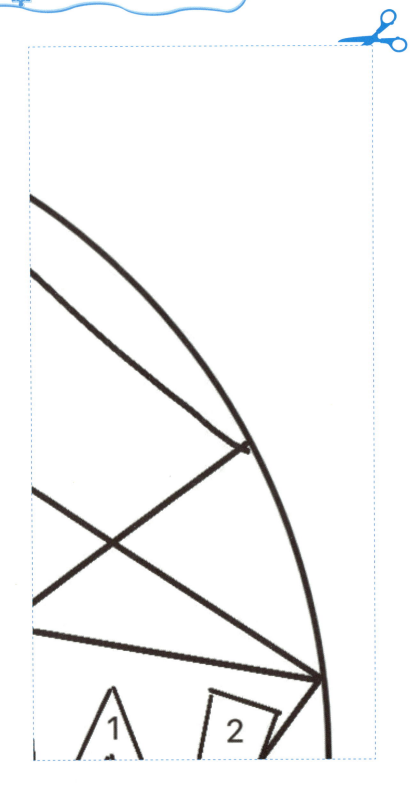

情绪管理

（上）

QINGXU GUANLI

致同行者

情绪健康和谐地发展是心理健康的重要指标和内容。青春期孩子因为身心发展的不平衡，容易陷入情绪波动的困扰而影响到生活学习。青春期半开放性半闭锁性的特点，使得他们的情绪体验更复杂和深入。但是他们往往缺乏对负面情绪的正确认识和理性接纳，导致更多的情绪被压抑，找不到合适的出口。

基于上述特点，本单元设计了三个主题活动和一个综合实践活动。

"情绪初体验"帮助参与者认识情绪的丰富性，理解每种情绪都有存在的意义，没有好坏之分。

"情绪飞花令"帮助参与者进一步认识情绪的主观性和复杂性，学会给情绪命名，积累更多的情绪词汇。

"情绪需表达"帮助参与者理解压抑情绪的危害，知道身心是一体的，学会通过躯体反应来觉察自己正在经历的情绪，并积极寻找合理的表达途径，避免压抑情绪。

"乐观大使"帮助参与者通过发现身边的乐观大使并感受其乐观精神，培养自己积极乐观的情绪，学习以积极乐观的心态面对生活中的各种困难和挑战。

在本单元的活动中，请带领者注意以下要点：宜营造和谐、轻松、安全的活动氛围，对各种情绪的表达给予充分的尊重和支持，带领者要避免将自己对情绪的理解和判断带入活动中。

主题 1

情绪初体验

活动目的

1. 认识情绪体验是丰富的，情绪不分好坏，只有消极和积极之分。

2. 理解每种情绪都有其存在的意义，学习接纳自己的情绪。

准备工具与材料

1. 情绪蛋糕（活动单 1，每人一张）。

2. 情绪脸谱（活动单 2，每人一张）。

3. 水彩笔。

活动内容与流程

暖身活动：情绪蛋糕（5min）

1. 带领者给每一位参与者发一张"情绪蛋糕"（活动单 1）。

2. 带领者邀请参与者自选不同颜色用来代表不同情绪，在情绪蛋糕上进行涂色，表示这一周所体验到的情绪。

3. 带领者邀请二至三位参与者展示、分享自己的情绪蛋糕，讲述自己体验到的情绪。

　　A. 这一周你体验到了哪些情绪？

　　B. 你用了什么颜色来表达这些情绪？

　　C. 有没有人同样用了 xx 颜色？请举手。你用这种颜色表达的是什么情绪？

　　D. 有没有人同样经历了 xx 情绪？请举手。你用什么颜色表达这种情绪？

🚩 **引导要点**

　　★　情绪是丰富多彩的，就像大家画下的情绪蛋糕一样，每个人都可能体验到各种各样的情绪。

　　★　但每个人的情绪表达方式可能是不一样的，就像每个人可能会用不同的颜色来表达同一种情绪。

🔍 **技能 UP**

　　★　此环节不用过多陈述经历的事件，重点在于分享体验到了哪些情绪。

　　★　强调只是用涂色表达情绪即可，无需把情绪蛋糕画得非常精美。

　　★　可以邀请参与者把画举起来向小组成员展示和分享，然后再在全体成员中抽选二至三人与大家分享。

主题活动：情绪脸谱（32min）

📊 **活动步骤**

　　1. 带领者给每一位参与者发一张"情绪脸谱"（活动单 2）。

　　2. 请参与者判断是否曾体验过活动单中的各种情绪，如果体验过，请在情绪旁边的"口"中打"√"，并在第二行的空格中标示对该情绪的态度。喜欢用"○"表示，不喜欢用"×"表示，中立用"－"表示。

　　3. 讨论与分享。

　　A. 你喜欢和不喜欢的情绪分别是哪些？

B. 你喜欢的情绪有什么共同点？你不喜欢的情绪有什么共同点？

C. 情绪是否有好坏之分？说说你的理由并举例。

🚩 **引导要点**

★ 每个人都会体验到丰富的情绪，但每个人对情绪的体验都是主观的。

★ 情绪本身并没有好坏之分，体验到各种情绪，都是我们生理、心理和行为的正常反应。

★ 有的情绪给我们带来正向的积极的体验，我们把它称为"积极情绪"；有的情绪给我们带来负面的消极的体验，我们把它称为"消极情绪"。

★ 情绪对我们有保护的功能，要学习接纳自己的情绪。

🔍 **技能 UP**

★ 实际带领过程中不用过多考虑情绪到底是积极、消极，还是中性的。

★ 带领者可以结合具体实例分享情绪的保护功能，例如，恐惧情绪让我们远离危险，愤怒情绪让我们捍卫自己的边界，焦虑情绪让我们提前做好准备等。

总结（3min）

1. 情绪是丰富多彩的，我们每个人都会经历各种各样的情绪。

2. 情绪本身没有好坏之分，只有积极和消极之分。

3. 积极情绪可能带来伤害，消极情绪也可能对我们有保护的功能。每种情绪都有其存在的意义，要接纳每一种情绪。

活动单 1

请自选颜色代表不同情绪，在情绪蛋糕上进行涂色，表示这一周所体验到的情绪。

活动单 2

 情绪脸谱

迷惘	哀痛	失落	恐惧
震惊	无奈	愤怒	不屑
愉快	失望	不满	轻松
胆怯	内疚	诧异	讨厌
兴奋	高兴	嫉妒	苦闷

安全	有希望	自豪	满足
担忧	焦虑	尴尬	紧张

说明：

1. 如果体验过该情绪，请在旁边的"□"中打"√"。

2. 请在情绪下方空格中标示你对该情绪的态度：喜欢用"o"表示，不喜欢用"×"表示，中立用"–"表示。

3. 如果有表中没有提到的情绪，可以补充在空白处。

主题2
情绪飞花令

活动目的

1. 认识情绪具有主观性和复杂性。

2. 通过练习，积累更多的情绪词汇，并能够用词语表达情绪，即给情绪命名。

准备工具与材料

情绪轮盘（活动单，每人一张）。

活动内容与流程

暖身活动：你比我猜（5min）

活动步骤

1. 带领者邀请一位参与者表演指定情绪动作（不可以用语言提示），其他参与者猜。

2. 分享与讨论。

A. 大家都猜到了哪些情绪？

B. 为什么有些词语猜起来有难度？

🚩 引导要点

★　喜怒哀惧是四种基本情绪。情绪可以通过表情和动作表现出来，但是表情和动作不一定能完全准确地反映体会到的情绪本身，情绪具有复杂性，所以在猜的时候可能会猜不到。

★　情绪具有复杂性。学会给情绪命名，而不是任由情绪乱作一团。这将有助于我们更好地理解自己正在经历怎样的情绪。

🔍 技能 UP

★　带领者可以将需要表演的情绪小声告诉表演者或者写在题板（卡片）上。

★　带领者可根据时间自由安排表演的轮次，不一定每个词语都要被表演到，也可以邀请不同的参与者上台表演，提高大家的参与率。

★　带领者可根据情况自行调整活动难度，比如猜对喜怒哀惧四种基本情绪即可，或要正确猜出具体的情绪词语。也可以进行两轮活动，第一轮猜喜怒哀惧四种基本情绪，第二轮猜具体的情绪词语。表演的情绪词语可参考以下词语：兴高采烈、眉飞色舞（喜）；怒发冲冠、火冒三丈（怒）；悲痛欲绝、肝肠寸断（哀）；坐立不安、惊慌失措（惧）；哭笑不得、悲喜交加（复杂情绪）等。

主题活动：情绪飞花令（32min）

📊 活动步骤

1. 带领者请参与者以"开火车"的方式轮流说出自己知道的可以表达情绪的词汇，并板书。

2. 带领者介绍"情绪飞花令"活动目标及活动规则，并给参与者每人发放一张"情绪轮盘"活动单作为情绪词汇的参考。活动开始前，参与者有1分钟时间快速熟悉"情绪轮盘"活动单上的词汇和带领者板书的情绪词汇。

3. 带领者将参与者分为三至四个大组，每个大组需要轮流说出带领者呈现的情境下可能产生的情绪。大组间进行"车轮战"，看哪组说出的情绪词汇多。活动分三轮进行，带领者依次呈现以下三个情境：

A. 情境 1：体育课被取消。

B. 情境 2：独自在家一个星期。

C. 情境 3：收到一封表白信。

🚩 **引导要点**

★ 同一个人，在不同的事件或情境中，可能体会到不同的情绪，也可能体会到相同的情绪。

★ 在同样的事件或情境中，不同的人可能会有相同的情绪感受，也可能产生完全不同的情绪反应。

★ 情绪具有主观性和复杂性。

🔍 **技能 UP**

★ 每一个情境的活动轮次及时间，应由带领者灵活把控。

★ 视活动情况，挑战难度可以随着轮次增加递增。如：说过的词汇不能重复，第二轮不能用二字词等。

★ 大组派谁参与"车轮战"可以由参与者自荐，带领者随机抽选产生；也可以通过"开火车"的方式产生，但需注意尽可能让更多人有参与活动的机会。

★ 带领者可以进一步追问参与者为什么会产生该种情绪，以引导参与者说出情绪背后的想法，便于他更好地理解该情绪。

总结（3min）

1. 喜怒哀惧是四种基本情绪，除了这四种基本情绪，我们还会经历更多的复杂情绪。情绪可以通过表情和动作表现出来，但是表情和动作不一定能真实反映情绪本身。情绪具有复杂性。

2.同一个人，在不同的事件或情境中，可能会体会到不同的情绪，也可能会体会到相同的情绪。在同样的事件或情境中，不同的人可能会有相同的情绪感受，也可能产生完全不同的情绪反应。情绪具有主观性。

3.学会给情绪准确命名，而不是任由情绪乱作一团。这将有助于我们理解和表达情绪。

活动单

情绪轮盘

知识拓展

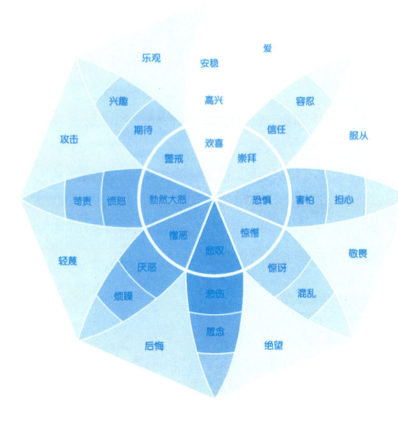

情绪轮盘[1]设计源自心理学家罗伯特·普拉奇克（Robert Plutchik）提出的情绪的心理进化论。这个理论主要是说情绪表现为不同的强度，甚至会受到他人的情绪影响从而产生不同的情感，建立新的情绪状态。普拉奇克在1980年创造了一种情绪分类方法——"情感之轮"，是最具影响力的普通情感反应分类法之一。

普拉奇克认为存在八种基本情绪——愤怒，恐惧，悲伤，厌恶，惊讶，期待，信任和快乐。他认为这些基本情绪是原始生物进化的结果，能提高动物的生殖健康。每个情绪都可以通过价值观的作用去触发一个人的行为，比如恐惧可以激发人们做出战斗或者逃避的回应。情绪是一种进化发展，对每一种情绪的反应都可能提供最高水平的生存可能性。

罗伯特·普拉奇克（Robert Plutchik）是阿尔伯特爱因斯坦医学院的名誉教授，也是南佛罗里达大学兼职教授。他获得哥伦比亚大学的哲学博士学位，同时他也是一位心理学家。他著有（含合著）260余篇文章和7部专著。他的研究包括情绪研究、自杀和暴力行为的研究，以及心理治疗过程的研究。

1　图片及文献参考来源：

https://www.6seconds.org/2020/08/11/plutchik-wheel-emotions/

https://www.interaction-design.org/literature/article/putting-some-emotion-into-your-design-plutchik-s-wheel-of-emotions

主题 3
情绪需表达

活动目的

1. 认识到压抑情绪的危害，理解使用适当方式表达情绪的重要性。

2. 了解身心是一体的，当出现负面情绪时，不仅会有一些负面的主观感受，在生理上也可能会有不适感，即情绪可能会通过躯体来表达。

3. 能够通过自己的躯体反应识别自己可能正在经历的焦虑、抑郁等情绪。

准备工具与材料

1. 没有充气的气球一个。

2. 充气泵一个。

3. 情绪小人（活动单，每人一张）。

4. 彩色笔（每人一盒）。

活动内容与流程

暖身活动：气球泵泵（5min）

活动步骤

1. 带领者向参与者展示一个没有充气的气球并提问：如果把人比作一个气球，把情绪比作气体，一个人没有任何情绪，会是一种什么状态？

2. 带领者向气球内慢慢打气，直至气球快要爆炸时，向参与者提问。

A. 如果我再往里面打气，会有什么结果？

B. 如果我把这个快要爆炸的气球放在你旁边，你会有什么反应？

C. 如果我现在立即松手，气球会怎样变化？

3. 带领者松手放飞气球，向参与者提问：刚才这个类比使你受到什么启发？

4. 带领者归纳不表达情绪的危害，强调情绪表达的重要性。

引导要点

★ 人如果完全没有情绪，就会像瘪的气球一样没有活力，留给人冷漠和没有情感的印象。

★ 人如果总把情绪憋在心里不表达，总有一天会像气球一样"爆炸"；如果没有使用合适的方式表达和宣泄情绪，就会像被放飞后乱窜的气球一样，出现情绪失控。

★ 压抑情绪会影响身心健康，也可能会破坏人际关系。

技能 UP

★ 给气球打气及靠近参与者的时候需注意安全。

★ 如果时间允许，可以购买大小不同、质量不同的气球，类比每个人对情绪的承载能力是不同的。

★ 带领者可用纸制成有趣的四肢和脸，把气球装饰得像"人"一样，增加活动的吸引力。

主题活动：情绪在身体上（30min）

活动步骤

1. 带领者给每位参与者发"情绪小人"（活动单）。

2. 带领者请参与者在"情绪小人"人形图案相应位置上标注（可以用小圆点、"×"等表示）自己是否曾有什么躯体上的疼痛或者不适，如头晕头痛、手脚发麻、肩颈僵硬等。

3. 带领者依次说出常见的负面情绪（慌张、忧虑、紧张、有压力、担忧、恐惧），请参与者思考如果这种情绪体现在身体上，它会在什么位置，并选用不同颜色的笔代表不同情绪，把该种颜色涂在相应的位置。如，用黑色代表压力，觉得压力在肩膀上，就把肩膀的位置涂黑。

4. 分享与讨论。

A. 你的某种情绪体现在身体的哪个部位？每个人的情绪出现在身上的位置相同吗？

B. 哪些部位曾经出现过不适，同时又是被你用情绪颜色标注过的？你觉得这种不适和这个情绪有什么关联？

C. 你对自己的情绪在身体上的表现有什么新发现？

引导要点

★ 我们的身心是一体的，当出现负面情绪时，不仅会有一些负面的主观感受，在生理上也会有不适感，情绪可能会通过躯体来表现。

★ 我们要学会觉察躯体不适可能传递的情绪信号。

技能 UP

★ 带领者可以补充常见的焦虑、抑郁情绪的躯体及行为反应，如失眠、呼吸急促、食欲下降、肌肉僵硬、言语减少等，提醒参与者要觉察这些躯体及行为反应可能是某种情绪的信号。

★ 情绪可能在身体的多个部位都有出现，带领者可提醒参与者可以标注多个部位。

总结（5min）

1. 压抑情绪对我们的身心健康和人际关系都会造成危害，使用适当方式表达情绪很重要。

2. 情绪可能会通过躯体来表现，因为我们的身心是一体的，当出现负面情绪时，不仅会有一些负面的主观感受，在生理上也可能会出现不适。

3. 我们要学会识别躯体反应，并由此觉察自己正在经历的情绪。寻找合适的途径表达或疏导情绪，避免压抑情绪。

活动单

情绪小人

综合实践

乐观大使

活动目的

1. 发现身边具有乐观精神的人，感受其乐观精神。

2. 培养积极乐观的情绪，在生活中实践以积极乐观的心态面对生活中的各种困难和挑战。

准备工具与材料

1. 身边的乐观大使（活动单1，每人一张）。

2. "乐观大使"奖状（活动单2，每人一张）。

活动内容与流程

活动启动与要求

1. 带领者邀请参与者分享自己或者周围人的乐观故事。

2. 带领者组织参与者讨论：从故事里了解到了哪些乐观的品质？

3. 带领者给每位参与者发放一张"身边的乐观大使"（活动单1）并介绍活动要求：用一周时间观察身边的人（老师、同学、朋友、家人等），记录自己认为发生在他们身上的能体现其乐观品质的事情，填写在"身边的乐观大使"活动单上。

🚩 引导要点

★ 积极心理学家马丁·塞林格曼 (Martin Seligman) 认为乐观是一种归因风格，也是一种积极的心理品质，可以在后天培养。它将坏事件归因于外部的、不稳定的、具体的原因，将好事件归因于内部的、稳定的、普遍的原因。

★ 乐观的情绪和态度能让人们有所行动，让事情朝着自己期望的方向发展。

🔍 技能 UP

★ 带领者可以引导参与者分享身边的人的乐观故事，从小事谈起，便于为后续活动起到示范作用。

实施过程：找乐观大使

参与者认真观察周围的人，记录他们表现乐观的事情，并概括出在这件事情里对方的乐观品质，填写在活动单里。

收获与分享

1. 一周的活动结束后，带领者邀请参与者分享自己记录的乐观故事。

2. 带领者向参与者提问：

A. 在记录故事的过程中，你的感受是什么？

B. 从他人分享的乐观故事中，你有什么发现？

C. 这个活动对你有什么启发？

3. 带领者给每个参与者发放"乐观大使"空白奖状，请参与者选择自己心中的"乐观大使"，为他书写奖状。

4. 带领者组织颁奖仪式，参与者朗读奖状内容，再把奖状颁发给自己心中的"乐观大使"。

🚩 **引导要点**

★ 乐观是一种可以学习的归因风格，每个人身上都有乐观的积极品质，我们要善于挖掘自身存在的乐观品质。

★ 当我们学会更积极、更乐观地看待生活，就能更好地接纳自己和他人。

总结

1. 乐观是一种可以学习的归因风格，当生活中出现困难的时候，我们可以选择以乐观的心态去面对。

2. 学会发现和挖掘自己和周围人的乐观品质，我们可以用更积极乐观的心态去面对生活。

活动单 1

身边的乐观大使

姓名	身份	发生了什么（事件）	我学到的乐观品质
张三	同学	小张参加校园歌手比赛落选了，他说："下次我再参加时就更有经验了。"	坚持不懈、积极的心态、善于吸取经验……

活动单 2

乐观大使奖状

乐观大使奖

我看到————
————的乐观品质

非常欣赏你的

你是我心中的乐观大使

领奖人：
日期：

单元反思

成长反思

事实（Facts）：

感受（Feelings）：

发现（Findings）：

未来（Future）：

成长加油站

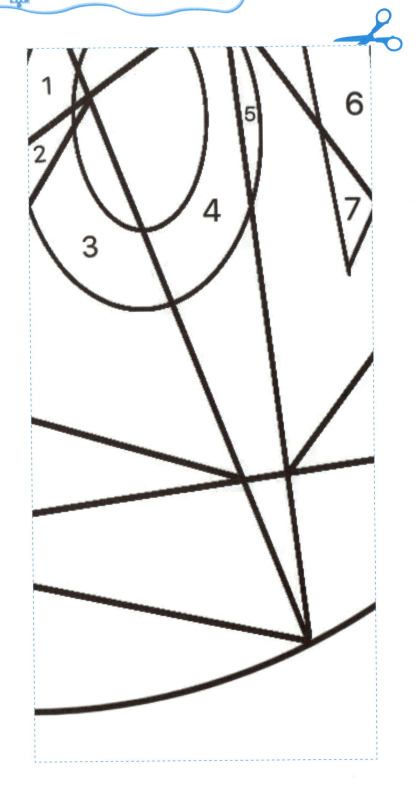

自我悦纳

（上）

ZIWO YUENA

致同行者

青春是绚丽多彩的，也是充满挑战的。孩子们进入初中后，身体的快速发育带来了心理的巨大变化，也会面临各种冲突和矛盾。他们的自我意识迅猛增长，会更多地关注自己，关心自己的形象、性格、能力、学业能否得到同龄人的认可，他们的自信心很容易受到外界的影响，可能出现自卑、不接纳自己的负面认知和情绪等，继而影响到交际、学习，以及对初中生活的适应。因此，为了帮助孩子们全面、客观、理性地了解自己，接纳自己，认识到自己的独特性和唯一性，用更积极乐观的态度看待自己的成长空间，我们编写了"自我悦纳"的示例活动。

本单元共设计了三个主题活动和一个综合实践活动。

"打开认识自我的窗"帮助孩子们了解每个人都有"公开我""盲目我""隐藏我"和"潜力我"四个部分，进而扩大"公开我"，接纳"隐藏我"，认识"盲目我"，发掘"潜力我"。

"寻人启事"帮助孩子从不同人的角度看自己，并能够积极地看待这种差异，意识到每个人都有自己的独特之处，鼓励他们努力地去发现、培养、发挥自己的特点。

"我有一只能量手"意在挖掘孩子们的优点和长处，提升其自尊感和自信心。

"寻找真我"意在让孩子们意识到"我"是多样的，认识自己的途径也是多元的，从而加深对自己的了解程度。

主题1
打开认识自我的窗

活动目的

1. 了解每个人都有"公开我""盲目我""隐藏我"和"潜力我"四个部分的自我。

2. 扩大"公开我"，接纳"隐藏我"，认识"盲目我"，积极发掘"潜力我"。

准备工具与材料

1. A4 白纸（每人一张）。

2. 周哈里窗（活动单，每人一张）。

活动内容与流程

暖身活动：奇趣动物园（5min）

活动步骤

1. 带领者邀请所有参与者想一想：如果选择一种动物来代表你自己，你会选一个什么动物呢？参与者将自己的答案写下来。

2. 参与者同时出示自己的答案，互相看看自己周围的人分别选择的是什么动物。

3. 相邻的两人进行讨论与分享。

A. 我为什么选择这个动物来代表自己？

B. 刚才看到大家的动物，感觉自己的动物在群体中会有什么样的特点？

C. 如果让我重新选择，我会换动物吗？换或者不换的原因是什么？

D. 刚才的活动对我有什么启发？

⚑ 引导要点

★ 在刚才的活动中，我们选择了某种动物来代表自己。这在一定程度上反映了我们对自我的认识。这节课将开启自我探索之旅。

🔍 技能 UP

★ 可能有成员不愿意出示和讨论自己选择的动物，要允许这种情况发生。

★ 可能有成员会问能否选多个动物。当然可以，因为每个人都有可能是多面的。

★ 这个活动可以分小组进行，也可以由全体参与者一起进行。

主题活动：打开我的窗（30min）

📊 活动步骤

1. 参与者每个人拿到一张白纸，快速独立地写二十个"我是谁"，可以写自己的社会角色，如：我是个学生；也可以写自己的兴趣、性格特质、擅长做的事情、梦想等，如：我是个爱读书的人；还可以写动物或植物，如："我是一条鱼"。

2. 带领者提示将写好的二十个"我是谁"按顺序编号，并提示这一步极为重要，会影响到后面的活动。

3. 发活动单，介绍"周哈里窗"理论。心理学家鲁夫特与英格汉对自我概念进行深入研究，并根据"自己知道——自己不知"和"他人知道——他人不知"这两个维度，将"我"分为：公开我——自己知道、他人也知道；隐藏我——自己知道、他人不知道；盲目我——自己不知道，他人知道；潜能我——自己不知道，他人也不知道。

4. 带领者请参与者在活动单中间写上自己的名字，将二十个编号填入自己知道的"公开我"和"隐藏我"两个空格中。

5. 参与者每四人为一组，将自己的活动单传递给自己小组的成员，请对方在"盲目我"的框中填写关于性格特质的两个正向的形容词。

6. 交换回自己的周哈里窗活动单，并将别人写的词做调整，将与自己的编号一致的词分别填放进"公开我"框中。

7. 分组讨论（四人小组）。

A. 别人写的和自己写的一致吗？看到这些词，感受是什么？

B. 别人写的哪些词让你感到困惑或者惊讶？写下这个词的小组成员举具体事例说明为什么写这个词，被肯定的成员表达感谢或感受。

C. 活动过程中，对自己以及小组成员有什么发现？

8. 小组汇报对自己的新发现。

🚩 引导要点

★ "我是谁"清单越往下写会越困难，但要鼓励参与者坚持，因为我们需要从不同角度认识自己。经常进行这样的清单练习有助于我们认识了解更真实的自己。

★ 每个人都有"隐藏我"，我们要学会和"隐藏我"相处，并有权决定哪些是"公开我"。

★ 我们可以借助他人来让我们看到那个"盲目我"。这个认识不一定准确，但也会给我们带来启发。

★ 周哈里窗帮助我们从四个不同的维度认识自己，我们要善于扩大"公开我"，接纳"隐藏我"，努力发现并正视"盲目我"，在未来的生活中积极发掘"潜能我"。

★ "我是谁"清单和周哈里窗都是很好的认识自己的工具，我们可以不定期使用并更好地了解自己。

技能 UP

★ 整个活动环节，带领者要提醒参与者务必遵守保护隐私和尊重他人的基本原则。在"我是谁"清单填写环节提醒参与者诚实面对自己，不用和人分享，并且一定要编码，保护自己的隐私；在填写"盲目我"的环节提示参与者一定要尊重他人，不可以开玩笑。

★ "我是谁"清单的填写数量不一定限定二十个，有的参与者写不出来，允许以后再想，有的参与者很快写出二十个，可以鼓励他写得更多。写完后视小组进程和氛围决定分享与否。

★ 在填写"盲目我"时，限定正向词汇是为了保护参与者，也可以鼓励参与者下课后和好朋友或值得信任的人交换填写，不限于正向词汇。

★在本活动分享环节处理参与者的困惑或愤怒是重要的，有参与者可能认为该词汇是在讽刺自己，一定要邀请写下词汇的人举例说明以澄清，并帮助参与者认可每个人对同一词汇可能存在不同的理解。

总结（5min）

1. 认识自我贯穿我们的一生，"我是谁"清单和周哈里窗是很好的认识自我的工具。

2. 周哈里窗帮助我们从四个不同的维度认识自己，我们要善于扩大"公开我"接纳自己的"隐藏我"，努力发现并正视"盲目我"，在未来的生活中积极发掘"潜能我"。

活动单

周哈里窗

我知　　　　　我不知

他人知

公开我　　　　　盲目我

他人不知

隐藏我　　　　　潜能我

主题2

寻人启事

活动目的

1. 了解自己眼中的"我"与他人眼中的"我"的差异，并能够理性看待这种差异。

2. 意识到每个人都是独一无二的，努力地去发现、培养、发挥自己的独特之处。

准备工具与材料

1. 自画像（活动单，每人一张）。

2. A4 纸（每组一张）。

3. 水彩笔。

4. 百宝箱（可以放入 A4 纸的盒子）。

活动内容与流程

暖身活动：猜猜 TA 是谁？（5min）

📊 **活动步骤**

带领者呈现图片，邀请参与者猜猜图片中的人是谁，并提问：你是怎么猜到的?

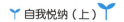

引导要点

★ 每个人身上都有一些突出的特质，包括体貌上的、个性上的、角色上的等。这些特质常常会通过人们的言行举止被表现出来。

★ 每个人都可以从"生理我""心理我""社会我"三个层面来认识自己。

技能 UP

★ 图片可以是参与者熟知的人物（名人、明星）的漫画头像，也可以是老师、同学小时候的照片。

★ 图片的数量可依据课程的时间灵活调整。

主题活动：寻人启事（30min）

活动步骤

1. 参与者在活动单上进行自画像的设计，具体要求：

A. 用笔在方框内画一幅自画像；

B. 自画像上不能出现自己的名字；

C. 完成活动单上面的问题，前三个问题用三至五个词语来描述；

D. 完成后，将活动单折起来。

2. 带领者收集所有参与者的自画像，放入"百宝箱"中。然后邀请一名参与者随意抽取，每次抽取一张展示给大家看，大家共同猜猜抽到的自画像是谁，直至猜中为止。猜对一位就给相应的小组积 1 分。

3. 参与者以小组（六人小组）为单位，从其余小组中任意选择一位成员，在 A4 纸上为其设计寻人启事。具体要求：

A. 无论选择哪个成员，小组成员需尽可能达成一致，并且不得告知其他小组或者泄露相关信息；

B. 寻人启事中不得出现姓名、学号等能直接体现此成员身份的信息；

C. 寻人启事可以用图画、词语、诗词、句子等多种方式来呈现。

4. 每个小组派一名代表依次分享各组的"寻人启事"，其他小组竞猜，若猜对了，本小组不得分，猜对的小组积 1 分；若猜错了，本小组积 1 分；若两分钟内没有猜出，即可公布答案。

5. 根据小组最终积分评选出"最佳猜猜团"。

6. 讨论。

A. 猜到和猜不到的原因可能有哪些？

B. 通过这个活动对自己、对他人有了哪些新的认识？

C. 如何全面客观地认识自己？

⚑ 引导要点

★ 猜到了，可能的原因有：别人比较熟悉自己；特质比较突出；自己比较了解自己。

★ 没有猜到，可能的原因有：别人不太了解自己；特质没有真正得到体现；自己不了解自己，没有发现自己的特质。

★ 全面客观地认识自己，不仅仅需要不断地进行自我观察与自我反思，同时也需要在与人们互动的过程中看到自己身上的特点、闪光点，并将其体现出来，让别人了解自己，同时也去了解别人眼中的自己。

★ 只有真正了解自己，知道自己是什么样的人，具有什么特点、爱好、优势等，才不会"迷失"自己。

🔍 技能 UP

★ 通过"寻人启事"，让参与者可以从多个角度来感知多样的自己，了解自己眼中的自己、别人眼中的自己，看到自己的认识与他人的认识之间是否存在差异，增加对自我的客观评价，并努力发现、培养自己的独特之处。

★ 提醒参与者无需为自己的绘画技能差感到为难，只要画的内容能够形象地反映对自我的认识即可。

总结（5min）

1. 全面认识自己，需要不断地自我观察和了解别人对自己的评价。

2. 当自己眼中的自己和别人眼中的自己不一样时，要学会理性看待，既不能忽略别人的评价，也不能过于在意。

3. 学习从他人的评价中分析自己与周围人的互动情况。

活动单

 自画像

此人喜欢＿＿＿＿、＿＿＿＿、＿＿＿＿、＿＿＿＿、＿＿＿＿、＿＿＿＿、＿＿＿＿；

此人擅长＿＿＿＿、＿＿＿＿、＿＿＿＿、＿＿＿＿、＿＿＿＿、＿＿＿＿、＿＿＿＿；

此人的性格特点是＿＿＿＿、＿＿＿＿、＿＿＿＿、＿＿＿＿、＿＿＿＿、＿＿＿＿；

此人经常说的一句话：＿＿＿＿＿＿＿＿＿＿＿＿＿＿＿＿＿＿＿＿＿＿＿＿＿＿＿＿

＿＿＿

＿＿＿

＿＿＿＿＿＿＿＿＿＿＿＿＿＿＿＿＿。

主题3

我有一只能量手

活动目的

1. 发现自己的优点和长处，积极挖掘隐藏在缺点背后的价值和资源。

2. 理解认识自我的途径有自我反思和他人评价。

准备工具与材料

1. 优点多多多（活动单1，课前发放，让参与者提前进行了解和阅读）。

2. 我有一只能量手（活动单2）。

3. 黑点（活动单3）。

4. 彩色笔（每组一盒）。

5. 星星贴纸。

活动内容与流程

暖身活动：30秒鼓掌（5min）

活动步骤

1. 带领者提问："大家觉得自己在三十秒内最多可以鼓掌多少次？"请参与

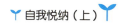

把这个数字 A 写下来。

2. 参与者在活动现场鼓掌并记录实际拍掌的次数 B。

3. 讨论与分享：A 和 B 大小如何？怎么理解这种不同？

🚩 引导要点

★ 从刚刚的活动不难看出，实际拍掌的次数常常比我们认为的次数要多。这说明，其实我们每个人都比自己想象中优秀，每个人都有着自己没有意识到的能量和优势。我们要全面地了解自己。

🔍 技能 UP

★ 最开始预估的时候参与者可能会尝试拍一拍。带领者这个时候可以不做鼓励，尽量让参与者先主观评测自己的拍掌次数。

★ 带领者要让参与者写下预估数值和实际数值，强调这两个数值的差异，引发参与者的思考。

★ 一般情况下，参与者实际拍掌次数会多于预估数值。如果少于预估数值，可以邀请参与者分享原因。

主题活动：我有一只能量手（30min）

📊 活动步骤

1. 参与者打开活动单 2 的 A 面，将自己的惯用手（将这只手取名为"能量手"）放在纸上，选择一支彩色笔，用另一只手将惯用手的轮廓画下来。

2. 参与者参考"优点多多多"（活动单 1），在每一个手指上写出自己认为的优势和长处（带领者提醒参与者每个手指上都可以写多个长处，如果一只手不够，可以画两只手）。

3. 分享和讨论。

A. 参与者数一数一共写了多少个优点，并用手势告诉带领者。

B. 带领者邀请参与者分享他的优点并给予肯定。

4. 带领者提问："如果没有发现自己的优势或长处，怎么办呢？"邀请活动参与者翻开活动单 2 的 B 面。带领者介绍二十四项积极品质，参与者可从中选择三个自己所拥有的品质，并在相应格子里面画一颗星。

5. 带领者发放星星贴纸（每人三个），邀请参与者在活动单 2 的 B 面写好名字，每四个人为一个小组，将活动单 2 传给小组中位于自己右侧的成员，请他为你选一个优秀品质，在相应格子里贴一颗星（可以重复），之后再将活动单 2 传给下一位参与者，直到三个同伴都选完，该参与者拿回写有自己名字的活动单 2。

6. 组内分享。

A. 是否发现自己以前未发现的优秀品质？

B. 看到别人为自己所贴的优秀品质时有什么感受？

C. 如有疑问，可以邀请贴贴纸的同伴进行解答。

7. 带领者邀请四至五位参与者分享感受。

8. 带领者邀请参与者在活动单 2 的 A 面掌心处，写上自己的不足和缺点。

9. 带领者呈现活动单 3，提问："大家看到了什么？"邀请参与者分享自己看到的内容。

10. 带领者让参与者每四人为一组讨论自己的不足和缺点背后隐藏的价值和资源。

11. 参与者再次回到活动单 2 的 A 面，思考是否有新的发现，并进行优势的补充和添加。

🚩 **引导要点**

★ 清晰发现自己的优势和长处，会让自己更加有底气和自信。

★ 自己没有发现，并不能说明自己一点长处都没有，很有可能是"当局者迷"。

★ 我们可能具有相同的闪光点，不用去比较。

★ 全面发现自己的优势，可以参考别人的意见。

★ 每个不足背后，都有着无限的资源和价值。要接纳自己做得不完美的地方。

★ 得到他人的肯定，会强化我们的自信和自尊。

★ 肯定他人，也是对自己的激励。

技能 UP

★ 活动单 3 意在说明，无论黑点的大小，它背后都有着更大的白色背景。换个角度说，每个不足背后都蕴藏着资源，不足对每个人来说都是有意义和价值的。比如：焦虑的背后是希望能做得更好。带领者要让参与者能够积极去解读自己的不足，挖掘出不足背后的意义和价值。

总结（5min）

1. 每个人都有自己闪光的地方。我们要善于发现自己的闪光点，学会欣赏自己，增强自我效能感。

2. 每个人都有自己的不足和缺点，积极解读不足，挖掘出不足背后的资源，找到未来努力的方向和信心。

3. 悦纳自己，就是正视自己的闪光点，接纳自身的不足。

4. 学会积极地肯定、欣赏、鼓励他人的闪光点。

活动单 1

优点多多多

学校：

准时交作业

上课积极举手回答问题

作文好

英语流利

心算很快

电脑操作能力强

运动能力强

喜欢绘画

有歌唱的天分

喜欢种植花草

动手能力强

故事大王

家庭：

经常分担家务

会做简单的饭菜

对长辈有礼貌

会主动与父母沟通

写完作业才看电视

作息有规律

人际关系：

有很好的朋友

能够倾听朋友讲话

懂得关心别人

说话语速适中，表达条理清楚

愿意把自己的事情与朋友分享

遇到事情懂得替别人着想

自己：

衣服整齐清洁

不盲目追求名牌服饰

经常洗澡并更换内衣

身上没有异味

经常进行体育锻炼

保持良好的睡眠

能定时定量吃好三餐

不浪费粮食

节约用水

爱护环境

使用文明用语

活动单 2

我有一只能量手

A 面

24 项积极心理品质

B 面

认真	勇敢	真诚	坚强
善良	诚实	忍耐	勤劳
有爱心	肯承担	勇投入	有主见
有活力	乐天派	有创意	有领导力
善于倾听	关心他人	自制力强	宽容大度
鼓励他人	值得信任	尊重他人	和蔼可亲

活动单 3

综合实践

寻找真我

活动目的

1. 认识到每个人在不同人眼里、不同情境中可能呈现出不同的样子，每个人都具有多面性。

2. 明白可以通过多种途径认识"我"。

准备工具与材料

1. 变色龙图片。

2. "寻找真我"（活动单）。

活动内容与流程

活动启动与要求

1. 带领者给参与者出示变色龙各种情境下不同颜色的图片。

2. 带领者提问：变色龙什么在变？什么没有变？

3. 带领者总结：变色龙的颜色在不断变化，但是本质没有改变，它还是一只变色龙，那么我们在不同情境中或不同人的眼里有变化吗？

4. 带领者给参与者发放"寻找真我"活动单，并示范如何填写。参与者用一周的时间尽量多地邀请他人填写。

实践过程

1. 参与者首先填写"寻找真我"活动单第二部分中"自我评价"部分，认同该描述则打"√"，不认同则打"×"。

2. 参与者邀请同学、老师和父母填写"寻找真我"活动单第一部分，可以找多人填写，同样的，认同该描述则打"√"，不认同则打"×"。多人评价时一个空格内应有多个"√"或"×"。

3. 参与者汇总第一部分的他人评价，可依据某项描述中"√"或"×"数量更多者作为该项描述的他人评价的最终结果，在最终结果栏中打"√"或"×"。其他描述依此类推。

4. 参与者完成活动单第二部分，若某项描述他人评价最终结果和自我评价结果相同（都为"√"或者都为"×"），则在一致度比较高的方框中画"○"，反之则是在不一致的方框中画"○"。

收获与分享

1. 参与者两两一组，分享自己活动单中"一致度比较高"和"不一致"的项目，并说说为什么。

2. 带领者在全体参与者中做小调查，请参与者举手：

A. 有多少人有八项以上的"一致度比较高"的？

B. 有多少人有八项以上的"不一致"的？

3. 带领者邀请参与者在大组中讨论：

A. 他人眼中的"我"和我自己眼中的"我"不同的原因可能是什么？

B. 在这个活动中你有什么发现？

引导要点

★ 不同的人可能会对我们有不同的评价，"不同"可能是由我们在他人面前不同的行为表现而引起的，也可能与他人对我们的期望不同有关。

★ 不同人的评价就好像把我们放在镜子面前，帮助我们看到自己。我们要分辨这镜子是普通镜子还是"哈哈镜"，学会客观对待所有的评价。

技能 UP

★ 参与者可以多选择一些人来评价，熟悉或者不熟悉的都可。

★ 在讨论之前带领者需要提醒参与者尊重彼此的不同，不议论或嘲笑对方。

★ 填写表格时仔细参考填表说明，带领者也可以和参与者共同讨论他人评价最终结果的标准（是根据评价人的数量多少，还是和自己熟悉的程度，或是其他）。

总结

1. "我"有很多面，似乎常常会"改变"，可能是受到情境的影响，也可能是因他人对我们的期待而变。

2. 要客观地看待不同人眼中呈现出的自己。

活动单

寻找真我

第一部分

	他人评价			
	同学眼中的我	老师眼中的我	父母眼中的我	他人评价最终结果
胆小				
自信				
能干				
自卑				
受欢迎				
善良				
常惹祸				
脾气差				
懂事				
乐观				
消极				
勤奋				
有礼貌				
能吃苦				
懒惰				
没出息				
其他（自行补充）				

填表说明：填写时认同的打"√"，不认同的打"×"。多人填写时尽量填在一页中。

第二部分

	自我评价 自己眼中的我	与他人评价一致度较高	与他人评价不一致
自卑			
受欢迎			
善良			
常惹祸			
脾气差			
懂事			
乐观			
消极			
勤奋			
有礼貌			
能吃苦			
懒惰			
没出息			
其他（自行补充）			

单元反思

成长反思

事实（Facts）：

感受（Feelings）：

发现（Findings）：

未来（Future）：

成长加油站

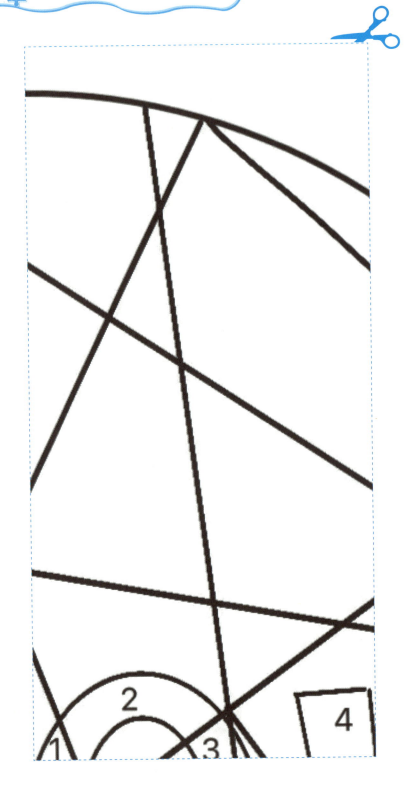

沟通协作

（上）

GOUTONG XIEZUO

致同行者

沟通不仅仅是传递信息，让他人理解自己，沟通还有着缓解压力、联结他人、互相回应的作用。

青少年时期的人际沟通是否良好影响到其人格和价值观的形成，它能消除孤独感，营造稳定的交流氛围。因此人际关系和沟通在这个时期变得非常重要。

青少年在这个时期要面对的"重要人物"有家长、老师和同学等，和这些"重要人物"的良性互动有助于其在青春期建立稳定而有支持的关系。

本单元共有四个主题活动和一个综合实践活动。

"给我一双慧眼"是关于如何用赞赏的眼光面对自己和他人。用这样的"慧眼"不断获得正面的感受后可以尝试回应他人的赞赏。

"绰号风波"的设计思路是让孩子明白绰号可能会拉近与他人的距离，但也可能会给他人带来负面感受，同时引导孩子学会用理性地表达感受的方式去回应对方。

"话说爹妈"和"回应父母"都是在讨论与父母的互动。"话说爹妈"是碰触青春期父母与孩子关系的一个开始，因此设计这个主题活动是希望引导孩子看到父母在自己成长的过程中，不断地在扮演很多角色，但因为父母没有足够的经验，所以其中有一些角色可能与自己的期望不符，因此孩子要学会理解并且表达自己的期望。"回应父母"则更多聚焦在让孩子练习回应父母的方式，用"我心声"回应方法，练习积极正面的表达，以促进亲子关系。

"爱的连连看"这个综合实践活动则是希望孩子在家中能有机会和父母多沟通，学会换位思考，理解彼此的需要，促进亲子情感的联结和培养。

主题1

给我一双慧眼

活动目的

1. 学会用赞赏的眼光去看待世界和他人，给自己和他人带来正面的感受。

2. 了解和尝试运用赞赏的眼光去面对自己和他人。

3. 尝试回应他人的赞赏。

准备工具与材料

1. 赞赏词语贴纸（活动单，每人一套）。

2. A4 纸（每人一张）。

3. 空白贴纸（每人数张）。

活动内容与流程

暖身活动：慧眼初现（5min）

活动步骤

1. 带领者出示数张双歧图。

2. 参与者讨论：看到了什么？怎么看到的？

3. 带领者总结：每个人观察事物都有不同的角度。

引导要点

★ 观察事物有不同的角度，如果角度可以选择，为什么我们不选择更为积极的角度？

技能 UP

★ 双歧图可以自行选择，也可以选用网络图片。

主题活动：慧眼识人（30min）

活动步骤

1. 每个参与者准备一张 A4 白纸，一支笔。带领者请参与者在两分钟内在纸上尽可能多地写下一些赞赏自己的词语（例如：善良）。

2. 请参与者统计自己写了多少个赞赏自己的词。

3. 请参与者尝试对照这些词赞赏自己，补充到 A4 纸上。带领者提问：两次赞赏自己，词的数量有变化吗？这个变化带给你什么启示？

4. 带领者请参与者尝试用这些词语赞赏自己左侧的人或前面、后面的人（保证参与者们形成一个循环，每个人都有被人赞赏的机会），选择一个词填写在空白贴纸中，把贴纸撕下来，贴在被赞赏者的手臂上。

5. 带领者访问被赞赏者的真实感受，并尝试邀请被赞赏者回应赞赏。

6. 带领者请参与者在赞赏词语后加上一个例子，对自己刚才赞赏的人进行再次赞赏，带领者邀请被赞赏者比较两次被赞赏的感受，并尝试回应。

引导要点

★ 我们常常会更关注自己的不足而忽略自己的长处。

★ 被人赞赏会带来不同的感受，有可能愉悦，也有可能困惑，甚至会产生负

面感受，这取决于被赞赏的人怎么理解这个赞赏。

★ 赞赏他人要真诚和具体，最好能举出事例。

★ 被赞赏的人可以对看见自己长处的人表达感激。

🔍 技能 UP

★ 在赞赏自己的环节，带领者请参与者分享的时候，如果参与者年龄在 16 岁以下，建议不分享参与者新增加的词，或者要事先对参与者强调每个人对同一个词的理解是不同的，尊重同伴对自己和这个词的理解，避免参与者起哄造成负面影响。

★ 带领者要注意追问被赞赏的人的感受，对处于青春期的学生而言，对外表的赞赏可能会带给他们负面感受，要注意追问产生负面感受的原因，也可以引导回应，但可能会有风险；如果参与者赞赏外表，可能会引起青春期学生对外表的关注，易冲淡主题。带领者可以在活动前加设规则，不赞赏外表，因为赞赏外表不一定会帮助对方认同自己。

★ 如果条件允许，可以将塞林格曼的二十四个积极品质的词语制作成若干贴纸。

总结（5min）

1. 用积极的眼光看待自己和他人，赞赏令他人快乐，也令自己开心。

2. 赞赏他人时应当有尊重、真诚、明确和真实的态度。

3. 要得体地回应他人的赞赏。

活动单

 赞赏词语贴纸（来自塞林格曼）

美德	力量
智慧	创造力、好奇心、开放的态度、好学、善于观察
勇气	诚实、勇敢、坚持、热情
仁慈	善良、爱、善于交际
正义	公平、领导才能、能合作
自制	宽恕、谦虚、谨慎、能自我调节
超越	会欣赏、感恩、希望、幽默、坚信

注: 本活动贴纸来源于马丁·塞利格曼（Martin·E.P.Seligman），美国心理学家。这个部分可以简单介绍塞利格曼的学说，他在习得性无助的研究之后，倡导心理学研究正向、积极的性格倾向，研究什么使人幸福快乐，开创了积极心理学。

主题2
绰号风波

活动目的

1. 明白绰号有时可促进关系，有时也可能给人带来负面感受。

2. 明白不当的负面情绪的表达方式会对人际关系产生负面影响。

3. 在沟通中产生负面情绪时，学会用理性的表达感受的方式去回应对方。

准备工具与材料

1. "角色扮演"活动单（活动单1，每人一张）。

2. "绰号风波——我的回应"活动单（活动单2，每人一张）。

活动内容与流程

暖身活动：绰号故事（5min）

活动步骤

1. 带领者讲述自己小时候被取绰号的经历和感受，引出话题（如果带领者没有类似经历，可以分享和取绰号有关的新闻案例）。

2. 带领者提问。

A. 你有没有被别人取绰号的经历？

B. 你对别人叫你这个绰号有什么感受？

🚩 引导要点

★ 每个人都可能有取绰号或被取绰号的经历。绰号有时候可以表达亲近，促进彼此关系；有时候会给人带来不舒服的感受，引发人际矛盾。

🔍 技能 UP

★ 带领者的分享只是起到自我暴露、抛砖引玉的作用，不可占用太多时间。如果参与者乐于分享和表达，则可以跳过带领者分享的环节。

★ 带领者可对主动分享真实经验和感受的参与者表示支持和鼓励。

★ 带领者可根据情况将提问改成"你认为取绰号是好事情还是坏事情？"避免参与者的情绪陷入过深。

主题活动 1：绰号风波（15min）

📊 活动步骤

1. 带领者将参与者分成三个大组，分别扮演 A、B、C 三位被同学取绰号的人。带领者依照"角色扮演"活动单（活动单 1）依次表演被叫绰号后 A、B、C 三人的不同反应。

2. 带领者给每位参与者发"绰号风波——我的回应"活动单（活动单 2），请参与者在各自的大组内与就近的同伴组成四人小组，讨论"面对 A、B、C 三人的不同反应，你会怎么办？"并完成"绰号风波——我的回应"活动单（活动单 2）。

3. 带领者在每个大组邀请一位成员分别表演对 A、B、C 的回应，并解释如此回应的原因。

4. 带领者结合参与者表演的不同的回应方式进行解说。

A. "以暴制暴"。由情绪主导，不能有效地表达个人感受，利用负面的方式发泄情绪，如攻击对方弱点等，使双方关系恶化，破坏人际关系。

B. "理性表达感受"。先控制个人情绪，以比较理性的方式表达个人感受，能清楚地向对方表达自己的感受，避免破坏人际关系。

C. "沉默回避"。完全没有表达个人感受，并且抹杀了沟通的机会，容易使对方产生误会和反感，有可能使人际关系遭到严重破坏。

⚐ 引导要点

★ 当因别人给自己取绰号而产生负面的感受时，需要提醒自己通过恰当的方式表达负面情绪。不当的表达情绪的方式往往会导致更激烈的人际冲突，从而破坏人际关系。

🔍 技能 UP

★ 带领者需要保持开放心态，允许参与者的真实表达，才能使讨论更深入。

★ 参与者有可能觉得"理性表达"是困难的，或者在真实场景中是不多见的，而执意认为在对方有错的前提下可以选择"以暴制暴"，带领者可以引导参与者讨论"以暴制暴"的不良后果，强调无论行为和动机是否正确，都不可"以暴制暴"。

主题活动 2：我的回应（15min）

📊 活动步骤

1. 带领者请参与者结合自身的现实生活思考：如果他人用自己不喜欢的绰号称呼自己，自己感到愤怒和厌烦，这时要如何回应对方？请参与者表演出来。

2. 针对参与者的表演，请其他成员提出意见、建议或者示范更好的回应方法。

3. 带领者请参与者分享：如果使用了理性的方式表达自己的感受，但是没有换来对方的理性回应，自己仍然觉得无法缓解内心的负面感受，可以怎么办？

4. 带领者归纳参与者阐述的缓解负面情绪的方法。

🚩 **引导要点**

★ 当别人给我们取绰号，我们产生了负面情绪时，可以使用理性表达感受的方式向对方表达负面情绪，并勇敢、清楚地提出我们的需求。

★ 使用了理性的回应方式，不一定能够得到对方的理性回应。如果我们仍有负面情绪，则需要使用一些缓解的方法去宣泄和调整负面情绪。

🔍 **技能 UP**

★ 分享过程中，参与者可能会产生负面情绪或反应，需要带领者留意并跟进。

★ 如果发现团体内的情绪和气氛不能让参与者有效地讨论在现实生活中的应对方法，带领者需要按情况调整方案，以减少不必要的冲突。并在活动结束后，对相关参与者单独跟进沟通，处理团队成员之间相处的问题。

★ 可以将该练习布置到活动结束后，作为延伸活动，要求参与者在一周内，留意与他人相处的经历，如果遇到负面情绪，可以尝试运用"理性表达"的方式进行情绪宣泄与调整。

总结（5min）

1. 绰号有时是亲昵的表达，可以促进人际关系，但是也可能带来不愉快的负面感受，进而破坏人际关系。

2. 在与人相处的过程中难免会有类似取绰号这样不愉快的事情发生，如果采取"以牙还牙""以暴制暴"等非理性的方式进行回应，只会让关系更加恶化。

3. 控制负面情绪不等于沉默压抑，完全不表达也会抹杀沟通机会、造成对方的反感和误解，也可能损害人际关系。

4. 学会控制和调整自己的情绪，并学会理性表达，才能避免人际关系被破坏。

活动单 1

 角色扮演：别人给我起了个绰号，叫……

表情

A 同学的反应：以暴制暴

情绪：愤怒。

语气：粗暴并带有攻击性。

说话内容：你以为你很好吗？瞧，你那样，你该叫"XXX"。

表情

B 同学的反应：理性表达感受

情绪：厌烦。

语气：肯定、平静。

说话内容：我听到你这么叫我时我觉得很不舒服，请你以后不要这么叫我。

表情

C 同学的反应：沉默回避

情绪：厌烦。

语气：无。

说话内容：无。

活动单 2

绰号风波——我的回应

在这种情况下，你会如何回应呢？

你对 _____ 的回应

你的情绪是：

你会对 _____ 说（请写明语气）：

你会采取的行动（如有）：

主题 3
话说爹妈

活动目的

1. 通过对父母角色的认识来理解父母对我们的关心和爱。

2. 理解为人父母的经验也是在不断的经历中积累的，没有人天生就会做父母，当出现期待与实际不符时，需要相互理解，重要的是看到父母的爱。

准备工具与材料

1. "父母角色连线" 活动单（每人一张）。

2. 彩色笔（每人两支）。

活动内容与流程

暖身活动：家里那些事儿（8min）

活动步骤

1. 带领者发放 "父母角色连线" 活动单，请参与者在左边的框中写出与父母间发生的印象深刻的三件事。

2. 参与者为事件分类，在开心的事件上画一个笑脸。

3. 参与者每四人为一组，在小组内每人选择一件事分享。

4. 带领者邀请一至二个小组分享和父母间发生的愉快的事。

🚩 引导要点

★ 和父母在一起，有很多开心的时光，但也可能会有令人失落、难过的时候。

🔍 技能 UP

★ 在小组汇报时，注意提醒小组成员保护隐私，在未征得讲述人同意的情况下，不能在全班分享，或者分享故事时不提及名字。

主题活动：角色速配（25min）

📊 活动步骤

1. 带领者介绍父母的四个角色。

2. 参与者在活动单上就写下的事件为父母角色做连线：父母实际所扮演的角色用实线表示；你所期待的角色用虚线表示。

3. 分组讨论（四人小组）。

A. 有多少虚实线一致的？有多少虚实线不一致的？分别代表什么？

B. 当父母角色和你的期待一致或不一致时，你的心情分别如何？

C. 尝试分析导致你心情好坏与父母在事件中扮演的角色之间的关系。

D. 当我们的期待和父母的角色不一致时，可以怎么做？

4. 小组汇报讨论结果。

A. 在小组讨论中对自己和父母关系的发现。

B. 当我们的期待和父母的角色不一致时，我们可以做什么？

🚩 引导要点

★ 让我们感到开心的，通常是父母的角色与我们的期待相符。有时父母甚至会超出期待，给我们带来惊喜。这些时候，除了高兴我们也要明白父母的关爱和用心。

★ 当父母的角色和我们的期待不一致，或者即使期待与实际相同，但父母用错了表达方式或者做得不到位时，我们都会感到不开心。

★ 父母的角色与我们的期待不一致时，鼓励大家主动向父母表达自己的期待；父母做得不到位时，希望大家能够理解他们的初衷和用心。

🔍 技能 UP

★ 处于青春期的孩子可能存在更多对父母的不满。带领者可以问一问他们，期待的父母是什么样子的，从而引导他们明白父母由于生活经历等的限制，不能随时满足大家的期待，但父母爱孩子的心是可以感受到的。

★ 带领者指出当父母角色和我们的期待不一致时，可进行换位思考。如果活动时间足够，可以加入换位思考的相关游戏或提问。

★ 如果参与者出现对父母的强烈情绪，带领者请注意课后跟进。

★ 父母的四个角色。

养育者：供给生活所需，使孩子成长。

教导者：给予孩子知识和经验的教育。

关怀者：对孩子进行关怀、赞赏与鼓励等。

榜样：言传身教，用自己的实际行动带给孩子正面的影响。

总结（2min）

1. 父母同时承担很多角色，每个角色背后都是父母的付出。

2. 父母的经验是在经历中积累的，他们有自己的局限。当父母担任的角色不符合我们的期待时，需要相互理解，重要的是看到父母的爱。

活动单

父母角色连线

> 请为父母的角色连线。
> 实线表示父母实际扮演的角色；
> 虚线表示你所期待的角色。

写下或画出 3 件与父母之间发生的令你印象深刻的事。

养育者

教导者

关怀者

榜样

主题 4
回应父母

活动目的

1. 明白用不同的方式回应父母会引起父母不同的反应。

2. 学习用"我信息"的方式回应父母，增进亲子沟通，减少矛盾冲突。

准备工具与材料

1. "家有儿女故事续写"活动单（活动单 1，每人一张）。

2. "'我信息'举例"活动单（活动单 2）。

活动内容与流程

暖身活动：如此回应（5min）

📊 活动步骤

1. 带领者邀请参与者表演"当父母催促你早起，而你还想赖床的时候，是如何回应父母的"。

2. 带领者请参与者分享在该情景中的感受和回应后的事情发展。

引导要点

★ 今天我们一起来探讨如何与父母沟通，尤其是当父母对我们有要求时，我们可以如何回应父母，以减少亲子矛盾，促进亲子关系。

技能 UP

★ 该活动只需唤起参与者的意愿即可，其与父母沟通的具体方式不必展开详细讨论，避免耽误时间。

★ 该活动还可以选用其他参与者比较熟悉的情景，如"父母给你夹你不喜欢的菜并要求你吃完的时候""父母在你考试后询问你成绩的时候"等。

主题活动 1：家有儿女（17min）

活动步骤

1. 带领者向参与者呈现故事情景：一天放学后，小明回家特别晚。他回到家后，妈妈就问他："你今天怎么回来得这么晚呢？"

2. 带领者将参与者分成四个大组，每组抽取一张回应卡（活动单 1）。每张回应卡上印有一种小明的回应方式。

3. 带领者请参与者在四人小组里讨论，当小明使用该组抽取的回应卡上的方式回应父母后，父母的反应会如何。请参与者将故事的后续发展表演出来。

4. 带领者邀请各大组派一至两个小组进行表演。

5. 分享讨论。

A. 每种回应方式指向了什么样的结局？这个结局是令人期待的吗？

B. 使用哪种方式回应父母会更好？为什么？这种回应方式有什么特点？

引导要点

★ 在不同情况下，我们会以不同的方式来回应父母，不同的回应方式会对亲子关系及事态发展产生不同的影响。

★ 积极主动地回应父母，将有助于亲子间的良好沟通，促进彼此关系。而使用消极被动的方式回应父母，有可能因双方欠缺沟通，彼此产生不满，造成亲子关系的疏离或紧张。

🔍 技能 UP

★ 在故事续写环节，各组参与者给出的答案可能不一样，带领者不必过度关注，重点在于引导参与者认识到不同的回应方式会对亲子关系及事态发展产生不同影响，从而鼓励参与者多使用"积极回应"的方式来回应父母。

★ 带领者需要给予讨论中有强烈情绪唤起的参与者更多关心和关注，了解其家庭背景，帮助其发掘支持系统，必要时可以向专业心理咨询人士寻求帮助。

主题活动 2："我心声"（16min）

📊 活动步骤

1. 带领者介绍"积极回应"的方式，即用"我信息"表达自己的感受及对事件的看法，既表达感受又处理事件。带领者还需进行举例说明（详见活动单 2 例 1）。

2. 参与者两两一组，一人扮演父亲或者母亲，另一人扮演孩子，练习例 2（详见活动单 2 例 2）中的情境，学习如何使用"我信息"回应。两位参与者完成练习后交换角色再进行一次练习。

3. 带领者请二至三组参与者展示分享，并请参与者分享积极回应的原则与技巧有哪些。

4. 带领者进行归纳总结。

🚩 引导要点

★ 恰当的回应方式一方面能让我们冷静地表达自己的感受和意见，另一方面能营造体谅父母及冷静讨论事情的氛围。

★ 回应父母时有以下原则和技巧：

A. 主动专心聆听，冷静回复。

B. 使用恰当的词汇、清楚表达自己的感受。

C. 如果父母"充耳不闻""无动于衷"，也许可以表露更多的情感，亦可以就解决或处理事情的方法，向父母表达商量的意愿，作建设性的反应。

🔍 技能 UP

★ 带领者可强调"我信息"除了用于与父母相处之外，在与其他人（如：老师、朋友）相处时亦可多运用。

总结（2min）

1. 我们回应父母的方式有很多，不同的回应方式会对亲子关系和事态发展产生不同的影响。常见的是争吵、沉默、忍受，其实还有一种方式是主动与父母分享自己真正的感受和想法。

2. 亲子沟通中，积极正面的表达和回应，能够让双方在彼此理解的基础上共同面对问题。

3. 学会用"我信息"的方式沟通。

活动单1

 家有儿女故事续写

【情景】一天放学后，小明回家特别晚。他回到家后，妈妈就问他："你今天怎么回来得这么晚呢？"

回应卡1："今天我同学心情不太好，找我陪他聊会儿天。我一下子就忘了时间了，下次我提前打电话。"

回应卡2："哦，我有点事。"

回应卡3：小明进门也不说话，走到自己的房间将房门关上。

回应卡4："哎呀，真烦人！不就晚回来一会儿吗？真是的！"

活动单2

 "我信息"举例

【例1】父亲下班回家，看见儿子在玩游戏……

父亲："别玩了，马上学习去！"

参考回应："我放学回来一直在学习，觉得很累，想放松一会儿！"（个人感受）

"我计划奖励自己一下，玩十五分钟，然后接着学。"（处理事件）

【例2】母亲看到期末考试成绩后……

母亲："你看你这成绩，退步了多少？你用点功行不行！"

参考回应："其实我对这次成绩也感到很失望和担忧啊！"（个人感受）

"这学期的课有些难度，我计划向同学请教并且多询问老师。"（处理事件）

综合实践

爱的连连看

活动目的

1. 增加与父母沟通交流的机会，增进情感联结。

2. 在活动中换位思考，促进彼此理解、有效沟通。

准备工具与材料

"爱的连连看"活动单（每人一张）。

活动内容与流程

活动启动与要求

    1. 带领者给每位参与者发放"爱的连连看"活动单。

    2. 参与者在规定时间内任选三样能实现连线的任务（可以横连、竖连或者斜连），与父母（或其中一人）共同完成活动单上的连线任务。

实施过程

1. 参与者拿到活动单后，选择三个可以完成连线的任务。

2. 参与者每完成一项，就在活动单上填写完成该项活动的感受和发现。

3. 在活动过程中，每个任务用一张照片记录，参与者可以在小组讨论中分享。

收获与分享

1. 带领者将参与者分成小组，参与者在小组内分享并讨论。

A. 你选择了哪三样连线任务？其中哪个任务令你印象深刻？你觉得九个任务中对你来说最有挑战性的是哪个呢？

B. 完成这个连线任务的感受是什么？

C. 在这个过程中，对于你和父母的关系，你有什么发现？父母有什么反馈给你呢？

D. 在未来你和父母的相处中，你会采取什么样的方式沟通？

引导要点

★ 在日常生活中，我们要多与父母沟通，才有机会了解对方。

★ 在与父母沟通中，坦诚、尊重是重要的。

★ 在与父母相处中，要学会换位思考，体会对方的感受和需要。

技能 UP

★ 参与者可以在活动过程中边做边选能够完成连线的任务。

★ 若有参与者父母不在身边的，可以通过语音或者视频电话完成。因此带领者要根据实际情况考虑完成的时间，若时间足够多，也可以邀请参与者完成更多的连线任务。

总结

1. 在和父母相处中，多沟通、多交流才有机会了解对方。

2. 在沟通的过程中，要体会对方的需求，尝试从对方的角度考虑问题。

3. 在未来和父母的相处中，双方都要学习更加坦诚、开放的沟通态度。

活动单

爱的连连看

写一段欣赏对方的话给他 感受： 发现：	与对方分享一件让自己开心的事 感受： 发现：	分享彼此儿时的照片 感受： 发现：
设计一个属于家庭的节日 感受： 发现：	在对方难过时抱抱对方 感受： 发现：	完成对方一个小心愿 感受： 发现：
告诉对方自己需要得到他帮助的一件事 感受： 发现：	一起品尝一顿美食 感受： 发现：	一起玩一次棋牌类游戏 感受： 发现：

单元反思

成长反思

事实（Facts）：

感受（Feelings）：

发现（Findings）：

未来（Future）：

成长加油站

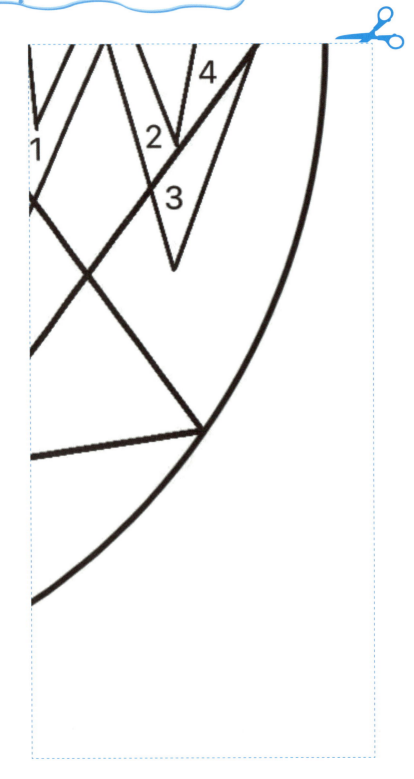

心理弹性
（上）

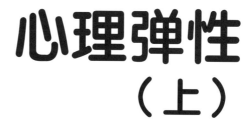

XINLI TANXING

心理弹性又称心理韧性、抗逆力、心理复原力，是个体面对逆境时快速复原的能力，是积极心理学研究的热点，同时也是生命教育中的重要的内容。培养心理弹性，不仅对青少年顺利地学习和生活有帮助，而且能促进他们积极人格的形成，为他们健康成长与终身幸福奠定基础。

为了更好地帮助青少年成长，我们编写了"心理弹性"主题单元。通过培育青少年的效能感、乐观感及归属感，培养他们在逆境中积极成长的心理弹性。

本单元共有四个主题活动和一个综合实践活动。

"求助之乐"引导孩子们在遇到困难时，判断何时需要帮助以及谁可以提供帮助，体验寻求别人协助及协助别人解决困难的正面效果。

"画疗考试"让孩子学习以绘画的方式来表达、宣泄考试焦虑。认识到面对考试有焦虑是正常的，从而接纳考试焦虑。

"幽默大师"让孩子理解幽默的益处，学习在日常生活中"使用"幽默。

"美化行动"让孩子认识到积极乐观地看待问题的重要性，帮助他们理解如何乐观思考——"改变我能改变的，接纳我不能改变的"。

"我的支持系统"是让孩子通过完成小挑战来发现和整理自己的支持系统，并且明白支持系统对自己的意义。

在本单元的活动中，带领者要着力提供有助于参与者形成心理弹性的环境因素，尽量让参与者在活动过程中体会自我效能感、乐观感及归属感，并理解这些感觉对自身成长的意义，从而树立对未来生活的期望。带领者要看重参与者的积极行为，不断欣赏参与者表现出来的成功、进步，以及积极努力的态度、行为，增强他们的信心，让他们尝试自我完善。

主题 1
求助之乐

活动目的

1. 培养一种适应变化的能力，在遇到困难时，能判断何时需要帮助以及谁可以提供帮助。

2. 体验到寻求他人协助及协助他人解决困难的正面效果。

准备工具与材料

1. 工具卡（活动单 1）。

2. 身份卡（活动单 2）。

3. 生活难题卡（活动单 3）。

活动内容与流程

暖身活动：我有你没有（5min）

活动步骤

1. 带领者说出一件目前自己觉得有困难的事。

2. 带领者邀请一位参与者起立，如该参与者也有类似困难，则回答"我也是"。

带领者再邀请另一位参与者，如该参与者没有类似困难，则回答"我不是"，并说出自己的困难，然后邀请下一位参与者回答。以此类推。

3. 讨论与分享。

A. 当听到别人和你有类似的困难时，你有什么想法？

B. 当你向别人表达困难时，你是什么感受？

C. 当听到别人表达自己的困难时，你是什么感受？会怎么做？

🚩 引导要点

★ 任何人都会遭遇困难，要敢于表达自己的难处，学会求助。

🔍 技能 UP

★ 表达困难的时候，语言尽量简洁，譬如，"我不擅长……"或者"我在……方面有困难"等。

★ 这个活动可以分小组进行，也可以全体一起进行。

主题活动：解难专家（30min）

📊 活动步骤

1. 带领者随机发放给参与者工具卡（活动单1）或身份卡（活动单2），每人一张。另外，带领者手上有四张生活难题卡（活动单3）。

2. 游戏开始的时候，带领者读出其中一张难题卡的场景部分，然后把难题卡的困难部分展示给第一排的参与者（此刻，他们扮演求助者，身份卡或工具卡暂时失去效用）。之后，第一排参与者返回座位。

3. "遇到困难"的参与者小声把困难信息传递给其他的人。信息传递的过程中，其他参与者若发现自己的工具或身份对解决该难题有帮助，便可以站起来。当难题信息传达给所有人之后，带领者简单地跟所有参与者一起讨论站着的参与者如何有效地帮忙解决该生活难题，又请"遇到困难"的参与者（第一排的参与者）分享他们会选择哪位参与者的帮助。

4. 带领者给参与者十秒时间随机交换手上的身份卡／工具卡，请第二排参与者到带领者处看难题卡，再重复步骤三，直至难题卡用完或此环节尚余五分钟为止。

5. 分组讨论（四人小组）。

A. 把自己的困难分享出来是什么感受？看到有人帮助自己，心情如何？

B. 在刚才的几次求助过程中，生活难题得到解决很重要的一步是什么？

C. 如果尽了最大的努力仍无法解决问题，或者遇到的问题已经超过了自己的能力范围，我们应该怎么做？

D. 帮助他人心情如何？如果生活中有人求助，我们可以怎么做？

6. 小组汇报讨论结果。

🚩 引导要点

★ 求助最重要的一步是与人分享困难或问题。

★ 求助与助人是一个建立并不断加深彼此关系的过程。

★ 求助不一定是给他人添麻烦。他人在给予帮助的过程中可以表达善意，也可以体会到自己的价值。

🔍 技能 UP

★ 参与者可能"陷入"工具卡或身份卡中，不知该如何提供帮助。带领者可鼓励参与者有创意地帮助他人，对参与者的创意想法也要及时肯定。如果时间允许，每一个场景结束后可让参与者扩展身份或工具实施帮助。

★ 可能有参与者很希望提供帮助，但因手上的工具卡或身份卡总派不上用场而沮丧。带领者在活动中要留意参与者的表现，及时肯定参与者乐于助人的热心。

★ 带领者也可访问一些在活动过程中乐于助人的参与者，让他们说说为何愿意站起来。

总结（5min）

1. 每个人总会有一些自己不能解决的问题。向他人求助也是一种解决问题的方法。

2. 如果尽了最大的努力仍无法解决问题，或者遇到的问题已经超过了自己的能力范围，我们需要寻求别人的帮助。

3. 共同经历困难，能增强人与人之间的情感联结。

活动单 1

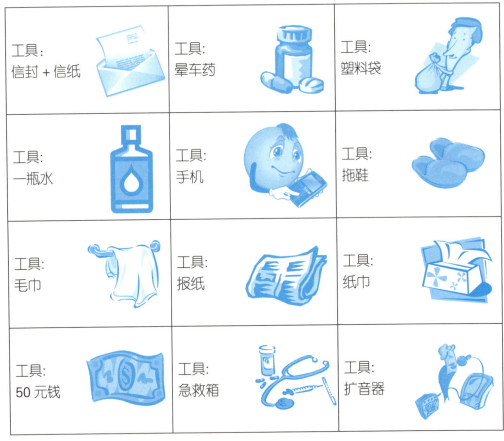

说明：带领者可根据实际情况放大和复制部分项目。

活动单 2

身份： 警察	身份： 公交车司机	身份： 律师
身份： 小贩	身份： 建筑工人	身份： 园林管理员
身份： 医生	身份： 家人	身份： 木匠
身份： 消防员	身份： 教师	身份： 学生

说明：带领者可根据实际情况放大和复制部分项目。

活动单 3

 生活难题卡

一

生活场景	困难
你们坐在公交车上，车正快速行驶，还有很远的路程才到下一站。这时，你……	突然感到十分不适，有快要呕吐的感觉。

二

生活场景	困难
学校组织课外兴趣活动，你想要报名参加足球队。	父母担心影响你的学习，不同意。

三

生活场景	困难
放学后独自回家的路上。这时，你……	发现身后有陌生人尾随。

四

生活场景	困难
中考分数出来了。这时，你……	发现自己取得的分数和你的理想学校的录取分数线有一定差距，你很难过。

说明：难题的生活场景部分，由带领者向全班说出。困难部分可以由参与者看完后，口耳相传。

活动目的

1. 以绘画的方式来表达、宣泄考试焦虑。

2. 认识到面对考试有焦虑情绪是正常的，从而接纳考试焦虑。

准备工具与材料

1. 蜡笔或彩色笔（至少六个颜色）。

2. A4 纸（每人六张）。

3. 《画说灾难》艺术减压介绍（资料单）。

活动内容与流程

暖身活动：白颜色的熊（5min）

📊 活动步骤

1. 参与者闭上眼睛，在不影响他人的前提下，选择一个舒服的姿势。

2. 带领者用语言引导参与者依次做以下想象：千万不能去想一头白颜色的熊，禁止去想白颜色的熊，绝对不能出现白颜色熊的影像。

3. 讨论与分享。

A. 刚才大家脑中出现的影像是什么？

B. 这个活动的体验和我们因考试而焦虑的体验有什么相似的地方？

C. 这个活动告诉我们，面对考试焦虑，我们可以怎么做？

⚑ 引导要点

★ 越是提醒自己不要做、不要想的事情，往往越会做、越会回想，思维出现强烈反弹，这就是心理学中的"白熊效应"。

★ 越是担心考试，越容易出现考试焦虑，越是害怕出现考试焦虑，考试焦虑越是"紧追不放"。

🔍 技能 UP

★ 想象的时间不能太长，以免参与者做其他更多的联想。

主题活动：画说焦虑 (30min)

📊 活动步骤

1. 带领者将参与者分组。

2. 带领者邀请参与者拿出第一张白纸，选用任意颜色的笔，用非惯用手在白纸上涂鸦。

3. 带领者邀请参与者拿出第二张白纸，选一支代表此刻心情的颜色的笔，用惯用手在白纸上涂鸦。

4. 参与者在小组内分享自己的两张作品，每人将画放置胸前，展示给组内其他参与者，同时欣赏他人作品。

5. 带领者邀请参与者拿出第三张白纸，选一个颜色的笔，画一条"平静的线"；选一个颜色的笔，画一条"生气的线"；选一个颜色，画一条"悲伤的线"；选一个颜色的笔，画一条"震惊的线"；选一个颜色的笔，画一条"温和的线"。观察各线条的表现方式（色彩与线条的独特性）。之后，每人将画放置胸前，展示给组内其他参与者，同时欣赏他人作品。

6. 带领者邀请参与者拿出第四张白纸，选一个颜色的笔，画"当你想到考试的图形"；选一个颜色的笔，画"在这件事情上，你感到温暖或安慰的图形"；选一个颜色的笔，画"在这件事情上，你感到最糟糕的图形"；选一个颜色的笔，画"如果出现考试焦虑，我希望自己可以应对的图形"。之后每人将画放置胸前，展示给组内其他参与者，同时欣赏他人作品。

7. 带领者提问："当你感到考试焦虑时，如果你可以用色彩、线条、图形来表现，你会如何去画这张图画？抽象或写实的描绘都是可以的。"参与者拿出第五张白纸，创作完，观察刚才画的作品的每一个部分，做视觉化的冥想：它让你想起了什么？画的象征性意义是什么？

8. 参与者拿出第六张白纸，想象"智慧大天使"现身，自己获得力量，画下"如果考试焦虑发生，自己有更多预备时，会如何应对"的图像，之后展示给他人，同时用语言表达绘画内容。

9. 分组讨论与分享：

A. 将第五张和第六张作品放在一起，展示给成员，讨论两张作品的不同。

B. 讨论已经收获的正向经验。

C. 分享自我欣赏的部分。

10. 小组汇报讨论结果。

🚩 引导要点

★ 考试焦虑状态下我们可能会出现的身心反应包括：身体——头痛、食欲下降、恶心、心慌、睡眠不好等；情绪——担忧、焦虑、烦躁不安等；认知——注意力不集中、记忆力下降、学习效率低、思维僵化等；行为——坐立不安、手足无措等。

★ 我们的身心反应是在考试焦虑状态下的正常表现，要学会接纳它并与之共处。

★ 活动过程中获得的正向经验包括：释放了过度的焦虑，缓解了紧张等情绪，获得了应对考试焦虑的方法，面对考试焦虑更有力量和可控感。

★ 必要时应寻求专业的心理援助。

技能 UP

★ 本活动是基于赖念华的"画说灾难"艺术减压模式所设计。

★ 创作第三幅画时，开始以"中性情绪"为宜，结束停留在正向、有能量的情绪上。

★ 创作第四幅画时，画"最糟糕状态"的图形时，可能会画出震撼情绪的图形，如果反应过于强烈就不要涂色，以免参与者情绪反应过度。

★ 在绘画过程中，观察参与者有无绘画困难或无法停止的状况，如有，需在活动后进行单独的面谈与辅导，进一步了解参与者的心理状况。

总结 (5min)

1. 考试焦虑状态下我们会出现身体、情绪、认知和行为四个方面的表现。

2. 在考试焦虑状态下的身心反应是正常表现，要学会接纳它并与之共处。

3. 参与者有需要时可寻求专业的心理援助。

资料单：

台湾赖念华博士的《画说灾难》艺术减压团体的目标是以绘图及叙说方式表达、宣泄、分享，筛选出进一步转介之案主。团体流程包括：开场白、非惯用手涂鸦、惯用手涂鸦、线条、图形、危机事件图像、重新经验危机图像。过程由简到繁，呈现"中性—负向—正向"的发展趋势。赖念华认为，画画是一种叙说表达的过程，画画可以抒发并减少自己内在的压力，画画的过程是一种疗愈的历程。

活动目的

1. 理解幽默的益处，知道幽默是一种积极的心理品质。

2. 理解幽默是一种可培养的能力，学习在日常生活中"使用"幽默。

准备工具与材料

1. "幽默大师"活动纸（活动单1）。

2. "幽默接话"情景及参考回应（活动单2）。

活动内容与流程

暖身活动：幽默大师 (5min)

活动步骤

1. 带领者提问："觉得自己是个幽默的人吗？你身边有幽默的人吗？你希望自己是一个幽默的人吗？"带领者请参与者分享自己或者他人的幽默故事，说说为什么觉得自己或者他人是幽默的。

2. 分享讨论：如何判断一个人是否幽默？幽默会带来什么益处？

🚩 **引导要点**

★ 幽默是有趣、可笑而意味深长，是一种积极心理和能力。

★ 幽默有很多益处，比如：愉悦身心、化解尴尬、受人欢迎、避免正面冲突、增强心理弹性、融洽氛围、和谐关系、给他人带来快乐、鼓励他人等。

🔍 **技能 UP**

★ 如果参与者的分享中有认为"嘲笑""讽刺挖苦"是幽默等观点，带领者需要引导区分，幽默式的搞笑和嘲笑的立场和目的不同。幽默式的搞笑是为了让人开心、活跃气氛，而嘲笑是为了取笑别人、让人难堪。为了避免引起误会，需要区分幽默的场合和对象。

主题活动：幽默接话 (25min)

📊 **活动步骤**

1. 带领者将参与者每四人分成一组，每组分发"幽默接话"活动纸（活动单1、活动2）。

2. 带领者请各小组参与者从四个不同的"幽默接话"情境（活动单2）中任选一个讨论，找出在该情境中进行"幽默接话"的一至三种回应，并归纳出至少一个幽默技能要点。

3. 带领者请各小组表演自己的"幽默接话"方式及分享归纳出的幽默技能要点。

🚩 **引导要点**

★ 幽默可以在日常生活中实践和练习。

★ 可能的幽默技能要点：自嘲、谦虚、委婉表达、避实就虚、转移话题、"移花接木"（将原本只适用于甲场合的话运用到乙场合）等。

🔍 **技能 UP**

★ 带领者可以根据时间和参与者的兴趣点，灵活选择活动单 2 中的情景进行讨论。

★ 带领者可以将参与者归纳的幽默技能要点概括后呈现出来。

延伸活动：幽默能力 up(5min)

活动步骤

1. 带领者请参与者讨论日常生活中还有哪些方式可以提升自己的幽默能力并在小组中分享。

2. 带领者请参与者完成"我的幽默能力 up"活动（活动单 1 活动 3），并从讨论的方法中选择一至两个在日常生活中练习使用。

引导要点

★ 幽默是一种积极心理和能力，每个人都可以培养自己成为幽默的制造者和感受者。

★ 提升幽默能力的方法：向幽默的人学习、学会自嘲、拥有乐观宽容的心态、收集幽默轻松的故事、讲生活中有趣的事、角色模仿、提高语言表达能力、学会临场应变等。

★ 我们可以在日常生活中尝试用这些方法提升幽默能力。

技能 UP

★ 参与者未必每种方法都能讨论到，带领者可以适当地进行提示和补充。

总结 (5min)

1. 幽默是一种积极的心理品质和能力，对我们有诸多益处。

2. 幽默能力可以培养和提升，我们可以在日常生活中多多练习。

活动单 1

 "幽默大师"活动纸

活动 1：幽默大师

我身边的幽默大师：
我为什么觉得 TA 幽默：

幽默的益处：

活动 2：幽默接话

当 　　　 时候，我可以这样幽默接话：
1.
2.
3.

关键幽默技能点：

活动 3：我的幽默能力 up

幽默能力提升方法：

我最愿意选择一试的方法：

活动单 2

"幽默接话" 情景及参考回应

【情景 1】当你被朋友嘲笑长得矮 / 胖 / 黑。

参考回应：我矮我骄傲，我为国家省布料。

心宽才体胖，说明我心理健康着呢。

难道你没听说过"浓缩的都是精华"？

这样我就可以在黑夜里"隐身"不被发现啦。

【情景 2】当你被别人不小心踩到脚，别人给你道歉时。

参考回应：我没有硌着你的脚吧？

没事，我的脚大，受力面积比较大，压强就小，不疼。

今天我这小白鞋终于开光了。

【情景 3】你即将上台演讲，一不小心摔了个大跟头。

参考回应：刚刚这个大磕头，就算给大家拜个早年了。

你们的热情让我太激动了，激动到五体投地了。

为什么我的眼里含着泪水，因为我爱这土地爱得深沉。这让我忍不住俯身投向大地母亲的怀抱。

【情景 4】同学从你身边过，撞倒了你堆在桌上的书。

参考回应：唱"你走得太快就像龙卷风"。

唱"你是风儿，书是沙；你一走过，掉地下"。

你是不是也看我这堆书不顺眼很久了，我也是！让它摔疼点儿。

主题4
美化行动

活动目的

1. 认识到积极乐观应对生活中的难题是一种高心理弹性的表现。

2. 学习如何乐观思考——"改变我能改变的，接纳我不能改变的"。

准备工具与材料

1. 故事卡（活动单1）。

2. "美化行动"工作纸的铅笔画稿和打印画稿各数张（活动单2）。

3. A3纸（每组一张，用于呈现讨论结果）。

4. 彩色笔。

活动内容与流程

暖身活动：故事接龙（5min）

📊 活动步骤

1. 带领者给参与者讲一个令人不愉快的事作为开头（可参考活动单1）。

2. 带领者邀请参与者给故事续上一个令人心情愉快的转折。

3. 讨论与分享。

A. 故事开头的时候，你是什么感受？故事发生转折时，又是什么感受？

B. 这个活动对你有什么启发？

🚩 引导要点

★ 从上述活动中，我们发现生活中每件看上去不太美好的事情其实都能找到令人欣慰的一面，积极乐观看待问题的心态非常重要。

🔍 技能 UP

★ 参与者可能一开始不太能领会故事接龙的要点，带领者可以多举几个例子。

★ 这个活动可以分小组进行，也可以由全体参与者一起进行。

主题活动：美化行动（30min）

📊 活动步骤

1. 带领者展示"美化行动"工作纸（活动单 2），解说活动目标是美化这张图。

2. 带领者告诉参与者画稿中有一部分是打印画稿，有一部分是铅笔画稿，并询问参与者："你希望拿到哪一种画稿？"

3. 随机发放铅笔画稿或打印画稿给参与者。

4. 参与者拿到画稿之后，带领者观察其反应，询问感受。

5. 参与者用各种文具对画稿进行美化。

6. 参与者画完后，带领者请参与者举起自己的作品，大家相互欣赏。

7. 带领者邀请几位参与者展示自己的画（拿到铅笔画稿和打印画稿的参与者各几位）。

8. 分组讨论（四人小组）。

A. 你希望拿到哪一种画稿？

B. 最初拿到画稿时的感受是什么？为什么？

C. 现在画的是什么？一开始你想的就是画成这样吗？怎么想到的？

D. 作画过程中的感受与想法发生了哪些变化？

9. 小组汇报讨论结果。

🚩 **引导要点**

★ 拿到你不满意的画稿就好像生活中会遭遇的困境，怎么应对取决于我们自己。

★ 无论拿到的是什么画稿，都可以创作出美丽的画作。

★ 要学会分辨"困境"中哪些是可以改变的（铅笔画稿），哪些是不可以改变的（打印画稿）。关键在于我们要积极去改变我们可以改变的，接纳我们不可以改变的。

🔍 **技能 UP**

★ 带领者在展示工作纸时设法调动气氛，使参与者有想要去美化工作纸的意愿。

★ 在询问"你希望拿到哪一种画稿"时，带领者只需了解参与者对画稿的期待，无需评论。

★ 有的参与者可能对自己拿到的画稿非常满意或不满意，带领者要留意其反应，适当给他们一些表达的机会。

★ 如果有参与者表示拿到哪种画稿都无所谓、没感受，或者作画过程中感受和想法没变化，带领者都应肯定和接纳。

★ 参与者在作画过程中，带领者可鼓励其尽可能运用已有的文具资源。

★ 根据实际情况，带领者可邀请全体参与者展出画作。

总结（5min）

1. 拿到你不满意的画稿就好像生活中会遭遇的困境，怎么应对取决于我们自己。

2. 积极乐观地看待并应对生活中的难题：改变我们可以改变的，接纳我们不可以改变的。

活动单 1

故事卡

序号	故事开头
1	周日早上，本打算出游的小鹏起床后发现天下大雨了……
2	小可在班委竞选中落选了……
3	这学期，美美的好朋友转学去了另外的学校……
……	……

活动单 2

"美化行动" 工作纸

请你将此图美化成你喜欢的样子。

综合实践
我的支持系统

活动目的

1. 通过完成问答和小挑战，寻找并整理自己的社会支持系统。

2. 理解社会支持系统对我们每个人的意义。

准备工具与材料

1. 问答与挑战（活动单1）。

2. 我的支持系统（活动单2）。

活动内容与流程

活动启动与要求

1. 带领者请参与者先完成活动单1的第一部分，同时给自己设立在一周内要完成的3个小挑战。小挑战可以来自生活，也可以来自学习等各方面。

2. 完成挑战后，参与者填写活动单1的第二部分。

3. 根据活动单1，参与者把问题和挑战里支持自己的要素（可能是某人或某事物）写在活动单2的第一层到第三层中，具体填入哪层可以根据支持要素和自己心理距离的远近来定，并为每个要素打分（0~10分），分值越大表示他／它对我的支持程度越大，如：我把"知心好友（8分）"放在第一层，表示我认为知心好友对我的支持很大，而且心理上距离我很近。

技能 UP

1. 带领者可以示范自己写的小挑战。注意挑战不是计划或想法，也不是可以轻松完成的，而是需要通过一定努力才能实现的。如：早上六点起床、一周内读完一本书等。

2. 社会支持系统，是指以个体为核心，由个体和他人通过支持性行为所构成的人际交往系统。它包含三个维度：客观支持、主观支持和对支持的利用度。客观支持是指可见的、实际的支持；主观支持是指个体在社会中被尊重、被理解的主观情感体验；对支持的利用度是指不同个体对支持利用的差异。社会支持主要来自家庭支持、朋友支持和其他支持三种渠道。

实践过程

参与者根据填写要求，在一周内完成"问答与挑战"活动单的填写。

收获与分享

1. 活动时间结束后，参与者分组与组内成员分享自己的活动单。

2. 带领者组织全体参与者讨论。

A. 在完成挑战的过程中，你寻求到了哪些帮助和支持呢？如果没有完成挑战，你觉得你还需要哪些帮助和支持呢？

B. 你之前发现自己有这些帮助和支持吗？你的感受是什么？

C. 仔细看看你支持系统的三个层次，你有什么发现？他人分享的支持系统哪些方面对你有启发？

D. 如果有可能，你希望在以后获得哪些社会支持？

🚩 引导要点

1. 在我们周围有许多人和事物，他们以及他们对我们的建议、支持或帮助，构成了我们的支持系统。

2. 支持可能来自他人本人，或是其行动、言语和情感上的陪伴。

3. 我们需要帮助的时候，都能寻求到支持力量，关系最紧密的人能给我们最有力的支持。

总结

1. 稳定的社会支持系统，能让我们获得更多情感支持，从而提高自身面对变化的适应能力。

2. 为了迎接生活中的挑战，我们应该不断稳固和扩大自己的社会支持系统。

活动单1

第一部分 问答

1. 在学校遇到麻烦时，你希望找谁来帮助你？（　　　　）

2. 在学习上遇到困难时，你会向哪些人寻求帮助？（　　　　）

3. 经济拮据时，你会向谁寻求帮助？（　　　　）

4. 当你心情不好时，你会向谁倾诉？（　　　　）

5. 当你面临重要选择时，你会向谁征求意见？（　　　　）

6. 当你要完成一个你并不熟悉的挑战时，你会请教谁？（　　　　）

7. 如果你有一个重要物件需要他人保管，你会交给谁？（　　　　）

8. 当你有了一些好的想法时，你会和谁分享？（　　　　）

9. 考试成绩不理想时，你会和谁交流？（　　　　）

第二部分 挑战

1. 我设定的第一个挑战是：（　　　），我寻求到了（　　　）的支持，他/她（　　　），他/她帮助了我。

2. 我设定的第二个挑战是：（　　　），我寻求到了（　　　）的支持，他/她（　　　），他/她帮助了我。

3. 我设定的第三个挑战是：（　　　），我寻求到了（　　　）的支持，他/她（　　　），他/她帮助了我。

举例：我设定的第一个挑战是：（一周内和班上三个我没有和他们聊过天的同学聊天），我寻求到了（小红同学）的支持，她（陪我去和同学聊天），她帮助了我。

活动单 2

我的支持系统

举例：在第一层填写"知心好友（8分）"。

单元反思

成长反思

事实（Facts）：

感受（Feelings）：

发现（Findings）：

未来（Future）：

成长加油站

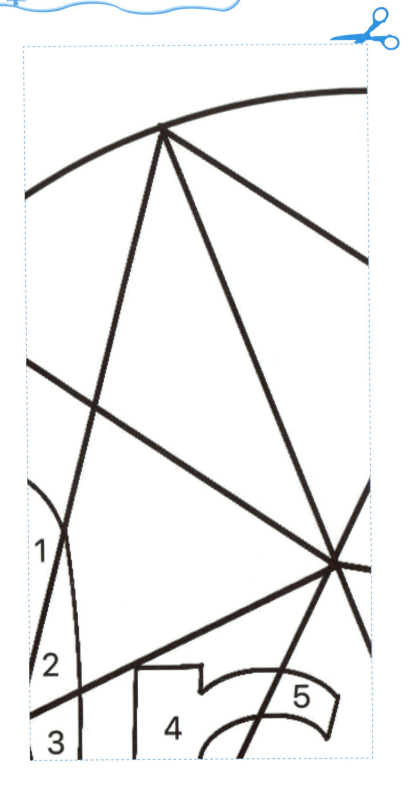

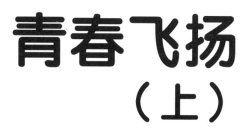

青春飞扬

（上）

QINGCHUN FEIYANG

致同行者

孩子们在进入青春期后，会产生因生理发育而引起的心理困惑。这种困惑会深刻影响他们自我同一性的发展。基于此，青春飞扬单元希望为孩子们提供适合其年龄、符合其文化特点，同时在科学角度上比较准确的性知识，让他们探求自己的态度和价值观，锻炼对自己的选择负责的能力。

本单元共有四个主题活动。前两个活动帮助孩子们理解青春期生理发展共性，让其知道尊重个体差异。"我的身体在变化"是帮助孩子们悦纳自己青春期的生理变化，"成长里程碑"是讨论月经和遗精的成因及在此期间身心健康的维护。考虑到青春期生理发育知识的庞杂，我们把遗精和月经现象单列为一个活动，如果时间不允许，可以把前两个活动合为一个。"青春四叶草"是基于生理发育的心理现象的呈现，用四叶草来帮助孩子看到可能发生的心理现象的全貌并悦纳自我。"身体红绿灯"是关于性骚扰和性侵害的知识介绍，帮助孩子们识别它们并学习自我保护。

在本单元活动中，带领者需特别注意以下两点：

第一，带领者在活动前要强调两个基本原则——尊重和隐私保护，在活动中也要注意示范这两个原则的运用。

第二，如果有条件，带领者在活动中要尽量使用术语而不跟随参与者使用方言俗语，避免参与者对生殖器官名称过于敏感而产生的负面影响；同时应在尊重社会文化、尊重家庭文化和性别文化的背景下讨论，以增强参与者的适应性和弹性。

主题1

我的身体在变化

活动目的

1. 了解青春期身体发育带来的困惑是正常的，也是因人而异的。

2. 悦纳青春期的生理变化心理变化。

准备工具与材料

1. 不透明信封（每人一个）。

2. 白纸条若干（每人至少两张）。

3. 彩色笔（每组一盒）。

4. 男生女生生殖系统示意图各一张（活动单1）。

5. 印有人形的全开大白纸（建议尺寸781mm×1086mm，每组一张，活动单2）。

活动内容与流程

暖身活动：身体之谜（5min）

📊 活动步骤

1. 男生、女生分成不同的组，每组三至四人。

2. 带领者先讲解今天这个活动的所有步骤，降低参与者的不安。

3. 每人拿到两张白纸条，写下自己青春期身体变化带来的困惑，每张纸条写一个，不写姓名。

4. 带领者快速浏览收上来的纸条，选择其中一部分有代表性的困惑按性别放进不透明的信封中，并在信封上画上符号，女生画"♀"，男生画"♂"。

🚩 引导要点

★ 进入青春期，我们每个人对自己身体的变化都有一些观察，也有一些困惑，这次活动我们要讨论我们身体的发育。

🔍 技能 UP

★ 带领者在课前强调尊重和隐私保护的原则，提醒参与者不要去猜测是谁写的，更不要自我暴露。

★ 提示参与者在写纸条时，不要讨论和互相分享，尽量按照真实情况填写。

★ 本活动需要在带领者与参与者有良好关系的前提下进行。如果可能的话，在课前进行性科学观和文化观的讨论，适度降低参与者对生殖系统相关术语的敏感性。

主题活动 2：变化中的我，你好！ (30min)

📊 活动步骤

1. 以抽签的方式把信封分发到小组中，每组有二至三个困惑为宜。

2. 小组讨论并分别派代表阐述自己对每一个困惑的看法和解释。

3. 带领者对没有达成共识或存在明显谬误的观点进行解说（可出示人形图）。

4. 每组拿到一张全开大白纸（活动单2），上面有人形图。

5. 每个参与者用彩色笔在相应的身体位置写几个词表达身体变化带来的成长的喜悦（或画出表情）。

6.同组的参与者相互说一说。如有参与者觉得困惑，组内讨论解决，如未能解决，向全体人员做汇报并请带领者解说。

7.各小组将本组的人形图面向全体人员，并展示汇报。

🚩 引导要点

★ 青春期是个体由儿童向成年人过渡的时期，以性成熟和第二性征变化为主要标志。进入青春期的时间目前尚无统一说法，通常在十二至十九岁，有个体差异，前后一两年都属于正常现象。通常女孩比男孩早一到两年。

★ 在图上标示生殖器官的术语：男性——阴茎、阴囊、睾丸、输精管、尿道，女性——子宫、输卵管、卵巢、阴道。

★ 女生青春期的主要变化：在雌激素、黄体酮共同作用下，女性生殖器官和第二性征发育。乳房发育；阴毛、腋毛生长；阴道分泌酸性黏液；卵巢排卵，月经出现。

★ 女生青春期自我保护：保持阴道口清洁；使用纯棉内衣裤；内衣裤勤换洗，阳光下晾晒；尽量使用少女文胸。

★ 男生青春期的主要变化：睾酮的作用使阴茎、睾丸及其他生殖器官开始发育，第二性征出现。阴毛、腋毛及其他体毛生长，嗓音变低沉，胡须生长，喉结生长（但不是每个男生的喉结都是明显和可观察到的），出现遗精现象。

★ 男生青春期自我保护：不穿紧身牛仔裤和过紧内裤，在运动、游戏时注意保护自己的生殖器官，不要随意拔胡须。

★ 青春痘是常见现象，不需要过度担心，注意保持面部清洁，不要用手去挤。

★ 每个孩子进入青春期的时间是不同的，不用和他人比较。

★ 青春期身体的变化会带给我们困惑，也会带来成长的喜悦。

🔍 技能 UP

★ 提醒参与者不相互评判，带领者在讨论中也尽量不去评判。讨论完成，带领者给出自己的建议，尽量保证建议的科学性，在讨论中涉及生殖器官的部分，使用术语，不使用俚语。

★ 在确保参与者关系良好、相互尊重，且拥有相当一部分关于性文化的前置z知识的情况下可以让男女生同组。男女生同组是为了增进对异性的了解，但易造成讨论不深入。

★ 本活动在选择主题时要回应参与者以下两个提问：关于月经和遗精的提问在"成长里程碑"中去讨论；关于心理发展带来的困惑放在"青春四叶草"中去讨论。

★ 参与者可能对相应位置填写如何不清楚，带领者可以做示范。

★ 可能有参与者依旧不会填写自己成长的喜悦，带领者可以正向引导，把参与者的困惑转化为接纳或者喜悦。

★ 允许参与者不写词，而是用图画来表现相应表情，如果条件允许，表情包贴纸是更好的选择。

总结（5min）

1. 青春期，我们的身体会发生很多变化，每一个变化都预示着我们正在长大成人。

2. 每个人的生理进程是不同的，不用和他人比较，如果有疑惑，可以向信任的成年人和医生咨询。

3. 我们接纳自己身体的变化，悦纳独特的自我。

活动单 1

男生女生生殖系统示意图

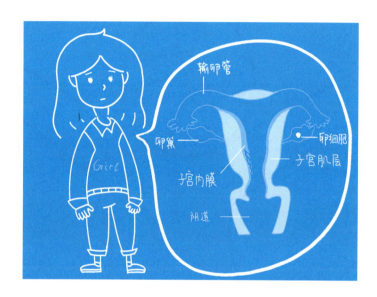

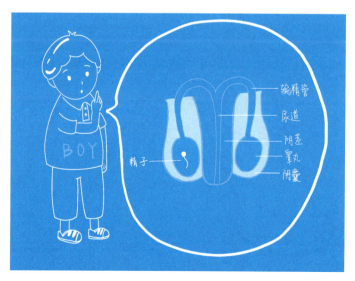

活动单 2

人形图

主题 2
成长里程碑

活动目的

1. 理解月经、遗精的生理现象和相关的心理现象。

2. 了解月经、遗精现象的成长里程碑意义。

准备工具与材料

1. 彩色笔（每组一盒）。

2. 男生女生生殖系统示意图（活动单，每组一张）。

3. 彩色便笺纸若干。

4. 空矿泉水瓶（每组一个）。

活动内容与流程

暖身活动：成长里程碑（8min）

📊 活动步骤

1. 男生女生按性别分成不同小组，每组三至四人。

2. 教师分别发给每个小组本组参与者对应性别的生殖系统的示意图，每组各自讨论，女生在示意图上标示月经成因，男生在示意图上标示遗精成因（用圆圈表示生殖细胞，用箭头表示运动方向，用颜色笔标示子宫内膜）。

3. 小组汇报，带领者做回应并帮助参与者标示月经及遗精的成因。

🚩 引导要点

★ 从青春期开始，卵巢的卵泡发育及黄体的发育具有周期性特征。在卵巢激素的作用下，子宫内膜会产生周期性变化，在排卵前产生的雌激素和孕激素的作用下，子宫内膜增厚，血管增生，为受精卵的着床和发育做好准备。如果卵细胞没有受精，雌激素和孕激素的分泌量会明显减少，子宫内膜组织坏死、脱落，血管破裂、出血。脱落的子宫内膜碎片和血液一道流出，即为月经。女性的月经周期通常历时4~5天，在最初的一两年月经周期不规律是正常现象。

★ 男性在进入青春期后，由于性激素的增加，两个睾丸中的曲细精管产生初级的精子细胞，运输到达附睾。附睾是男性精子成熟的器官，初级的精子会在附睾内停留一段时间，当其变为成熟的精子以后，就会通过输精管运输到精囊内进行储存。由于精子不断产生，储存部位的精子会很快充满，"精满则溢"，则出现遗精现象。

🔍 技能 UP

★ 本活动进行的前提依旧是良好的关系和安全的氛围。在课前，带领者教师需对尊重、隐私保护的原则进行强调。

★ 如果参与者不会画成因图，带领者可以先以一点点简笔画作为示范，但不可示范全部。本活动不要求画得极其准确，如果参与者确实无法标示成因，也能起到促进思考的作用。

主题活动：谜之漂流（27min）

📊 活动步骤

1. 带领者邀请参与者在便笺纸上写下自己关于月经和遗精的疑惑（不限男生女

生），不签名，写完将疑惑汇集到带领者处。

2. 带领者将汇集问题进行整理，归纳出有代表性的问题。

3. 将比较有代表意义的问题装入"漂流瓶"（空矿泉水瓶），分发到各个小组，女生组讨论关于月经的疑问，男生组讨论关于遗精的疑问。

4. 在漂流瓶中装入讨论后没有回答的疑问和新产生的疑问，传给下一组，下一组继续讨论。将讨论得出的答案写下来，返回给前一组。如果没有结论，就在小组汇报之后提出来。

5. 参与者分组汇报自己的讨论结果和新的疑问，带领者回应。

⚑ 引导要点

★ 女性在月经期间生殖系统免疫力会下降，要注意清洁和保护，合理使用卫生用品，注意保暖，接纳情绪波动，不宜参加剧烈运动。

★ 月经是每个女性成长过程中必然要经历的，它是女性成长的里程碑，一方面健康成长值得祝贺，另一方面其意味着我们对自己、对他人有了更多的责任。

★ 遗精现象是正常的生理现象，可能伴随性梦，男生不用紧张、羞涩和不安。这是男性成长里程碑，意味着自己健康成长了，也意味着我们对自己、对他人有更多的责任。

★ 建议青春期男生被褥不宜过暖，内裤外裤不宜过紧。

★ 遗精不是个人可以控制的，没有规律可言，也不是每个男性都有。如果频繁遗精（如每夜必遗），则需要咨询医生。

★ 月经和遗精的发生都属于个人隐私，异性之间应相互尊重，不宜将其作为随意开玩笑的内容。

🔍 技能 UP

★ 带领者先讲解本活动的全部步骤，让参与者对活动的过程和内容有大致的了解，降低不安并防止活动中出现调侃。

★ 在这个部分中，参与者可能没有问到带领者预设的问题，有可能是因为参与者不好意思发问，带领者可根据情况作补充。

★ 本活动目标是悦纳自己的成长，所以针对女生不喜欢月经现象，男生易对遗精现象产生内疚要做一些讨论。

★ 本活动要考虑课后舆论影响。在讨论中，要注意强调异性之间的相互尊重，也要强调尊重相关文化。例如，不将本活动内容用来开玩笑，不在公众场合讨论相关问题，尊重在场异性，考虑异性感受等。

总结（5min）

1. 月经、遗精现象对我们的发育和成长而言具有里程碑的意义，意味着我们有了孕育后代的能力，开始成长为成熟的男性和女性，随之而来的是对自己、对他人、对社会的责任。

2. 月经几乎每个女生都会有，遗精不是每个男生都有的。

3. 理解每个人的生理发育进程是不同的，尊重自己和他人的不同，学会悦纳自我。

活动单

男生女生生殖系统示意图

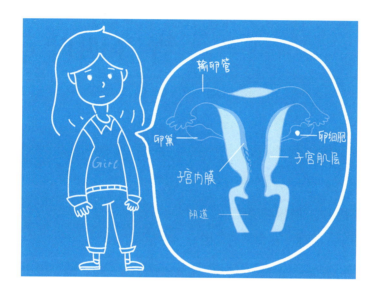

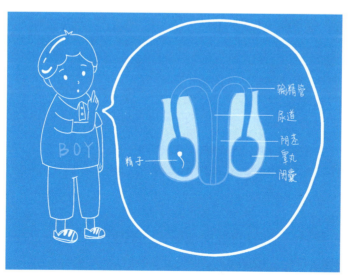

主题3
青春四叶草

活动目的

1. 了解青春期心理发展的特点。

2. 了解每个人心理发展有共性，也有个性差异。

准备工具与材料

1. "四叶草"活动单（每组一张）。

2. 任意彩色图片若干张。

活动内容与流程

暖身活动：拼图游戏（5min）

活动步骤

1. 带领者将四张不同色彩的图分成形状各异的小片，每人一片。

2. 参与者拿着图参与拼图游戏。

3. 拼成一张图的成为一个小组，总共形成四个组。

🚩 **引导要点**

★ 大家以刚才拼图形成的小组参与今天的活动，最后形成共同的拼图。

🔍 **技能 UP**

★ 视参与者年龄的不同选择不同的图案来调控这个游戏的难度。

主题活动：青春四叶草（30min）

📊 **活动步骤**

1. 带领者将"四叶草"的"四片"随机分发给不同的小组。

2. 带领者解说四个主题：性心理，是指与性相关的心理变化，包括性意识的觉醒和对性别的认识；情绪情感，是指在这一阶段情绪情感的变化；人际交往指与父母、师长、同辈之间的交往；自我意识包括自我认知、自我体验、自我调节三个方面的变化。

3. 带领者解说：青春期和儿童期相比，会有一些变化，我们将分成四个小组，每组根据手中叶片的主题，讨论我们出现了哪些心理变化。

4. 参与者分组讨论并将讨论结果写在"四叶草"上。

5. 请各小组将写有讨论结果的图片传递给其他小组，请其他小组补充他们负责主题的讨论结果，直到所有小组填完所有"叶片"。

6. 将图拼起来贴在墙上，形成四叶草图案。

7. 所有参与者对拼图上的讨论结果提出自己的疑问，如果需要修改，则进行修改。

🚩 **引导要点**

★ 青春期性心理特点：对性知识感兴趣、有强烈的与异性交往的欲望、对"性"的好奇等（带领者可视情况补充）。

★ 青春期情绪情感特点：暴风骤雨期，易冒险、易冲动、易受挫，情绪不稳定，两极化明显。

★ 青春期人际交往特点：易从众、重视同伴关系、渴望与异性交往、容易反权威、和父母的关系较以前疏离。

★ 青春期自我意识发展特点：高度关注自我、独立与依赖的矛盾、易自我闭锁、愿意接受挑战、极富创造力、容易出现自我同一性危机。

🚩 技能 UP

★ 引导并非一成不变。视课堂情况，带领者可灵活进行活动调整，重点在于讨论过程中形成对发展共性和个性的理解。

★ 如果人比较多，也可分出一组，专门给各组作补充；若时间不够，可以在小组讨论后直接进入全体讨论。

★ 尽量使用彩色笔，便于大家对各组填写的结果进行讨论。

★ 带领者可视参与者年龄，补充青春期情绪、情感发展的脑科学相关知识：前额皮层发展落后于杏仁核和边缘系统的发展，性激素水平的变化。

总结（5min）

1. 从性心理、情绪情感、人际交往、自我意识四个方面了解青春期的心理发展特点。

2. 从青春期发育而言，我们存在共性，也可能会有个性差异。

3. 我们悦纳青春期心理变化及个体差异。

活动单

主题4
身体红绿灯

活动目的

1. 理解我们的身体有界限，学习尊重自己和他人的身体界限。

2. 树立身体权和保护自己身体界限的观念。

准备工具与材料

1. 男女生泳装图片（活动单）。

2. A3白纸（每组一张）。

活动内容与流程

暖身活动：身体红绿灯（5min）

📊 活动步骤

1. 自由组合：参与者自主找另一位同性参与者，两人组成行动伙伴。

2. 亲密接触：随着带领者的指令——摸头、摸额头、摸脸颊、拍肩、牵手、拥抱、拍臀部，参与者进行相应的身体接触。务必要提示参与者觉得不舒服就可以选择不做。

3. 参与者回到自己的位置，参与大家的共同讨论。

带领者提问：

A. 在活动中，你觉得哪些动作可以接受？

B. 在活动中，哪些动作令你觉得不舒服？你觉得不舒服怎么办？

4. 带领者解说绿灯区、黄灯区，然后出示男女生泳装图片（活动单），解说身体红灯区。

引导要点

★ 在日常生活中，每个人都有不同的身体界限，不一样的人碰我们的感觉是不一样的，每个人允许他人碰触身体的尺度也不同，所以我们要明白自己的身体界限，保护自己的身体。

★ 我们都能接受的区域，就是身体的绿灯区；当他人接触你身体某个部位让你不舒服时，那个地方就是你身体的界限，它是你身体的黄灯区，只有亲密的人才可以碰触；臀部，女生的胸部、阴部，男生的阴茎、阴囊，是我们身体的红灯区，也是我们身体的最后防线，不管这个人我们认不认识，都不能让他随便碰触我们的隐私部位，同时我们对他人的隐私部位也应该予以尊重。

★ 性侵犯和性骚扰往往和隐私部位密切相关，可以是身体的接触，也可以是非身体的接触（包括语言、眼神、无身体接触的动作），这往往是违反本人真实意愿的。

★ 引入身体权的概念：我的身体属于自己，每个人的感受不同，我有权定义自己的感受，并保护自己的身体。

技能 UP

★ 如果参与者是单数，且与带领者同性别，可以和带领者做搭档；否则有一组成为三人小组。

★ 如果带领者和参与者关系足够好，可以把泳装图片换成卡通男孩女孩图片。带领者要求参与者为红灯区涂色，带领者巡视，并指出错误的涂色区域，如果有需要，要进行全场讨论。

★ 可以通过举手的方式呈现出每个人黄灯区的不同，进而解说尊重每个人身体界限的不同。

★ 本环节要考虑活动后的影响，强调如果以前发生过不尊重他人黄灯区和红灯区的行为，本活动后要停止这个行为。

主题活动：自我保护咖啡馆（30min）

活动步骤

1. 将活动室分成五个区域，参与者分为五组。邀请五位参与者在五个区域担任咖啡店店长（店长不移动），负责主持讨论并记录。

2. 每个区域有一个讨论题目，每组轮流参与五个题目的讨论，将每一个讨论结论写在白纸上，并留给咖啡店店长。

A. 哪些行为可能是性骚扰或性侵犯？

B. 性骚扰和性侵犯可能发生的场合。

C. 性骚扰和性侵犯可能使用的手段。

D. 哪些人可能被侵犯，哪些人可能侵犯他人？

E. 在面临性骚扰和性侵犯时保护自己的方法及注意要点。

3. 带领者视课堂情况帮忙确定每个题目的讨论时间，一定时间后要求小组转换场地。

4. 咖啡店店长将结果进行简单整理，并汇报。参与者可以对汇报结果提问，由提出该要点者回应。

引导要点

★ 违反个人主观意愿、带有性意味的行为（包括身体接触、语言、眼神等）都属于性骚扰，性骚扰可以发生在任何场合，性骚扰和性侵犯的问题不在于"性"，而在于"骚扰""侵犯"。

★ 性骚扰和性侵犯并不仅仅限于使用暴力，还有胁迫、诱惑，利用各种权力关系、文字、语言、眼神等多种手段，也没有年龄和性别的限制，也和人的特征无关。但成年人与十四岁以下未成年人发生性行为，即使征得其同意（譬如交易），在法律上强奸罪也成立。

★ 实施侵犯行为的人不一定是陌生人。当我们和人相处，感觉对方行为涉嫌性骚扰或性侵犯，就应当立刻离开或明确表示拒绝。但如果仅仅是怀疑，可以先离开进行确认后再采取相应措施。

★ 面对侵犯行为，要学会保护自己，可选择的方式包括：勇敢大声地说"不"；快速远离危险场合；尽可能存留证据；及时报警；向父母和可以信赖的成年人求助，向专业人士求助（如心理辅导老师）；告诉自己"这不是我的错"。

技能 UP

★ 如果时间不够，小组可以自行选择讨论题目，不一定所有题目都要讨论。

★ 全场分享时，建议按题目顺序分享，先帮助参与者识别性侵害和性骚扰，再讨论如何保护自己。

★ 如果参与者在活动中提到同性别的骚扰和侵犯现象，带领者可回应这也属于性骚扰的范畴。

★ 如有需要，带领者应补充相关法律知识，也可以补充"约会强暴"的相关知识。

★ 如果条件允许，可以给咖啡店命名并摆出名牌，方便确定区域，增强现场感。

总结（5min）

1. 我们对自己的身体有支配权，所以要保护好自己的身体。每个人的身体感受有差异，彼此应尊重差异。

2. 性骚扰的界定主要依赖于受害者的主观感知。性骚扰是有针对性的、违反个人主观意愿的、带有性意味的行为或者言辞，可以分为言语的、行为的、情境的。

3. 我们要学习保护自己，知道保护自己的方法。

活动单

男女生泳装图片

单元反思

成长反思

事实（Facts）：

感受（Feelings）：

发现（Findings）：

未来（Future）：

成长加油站

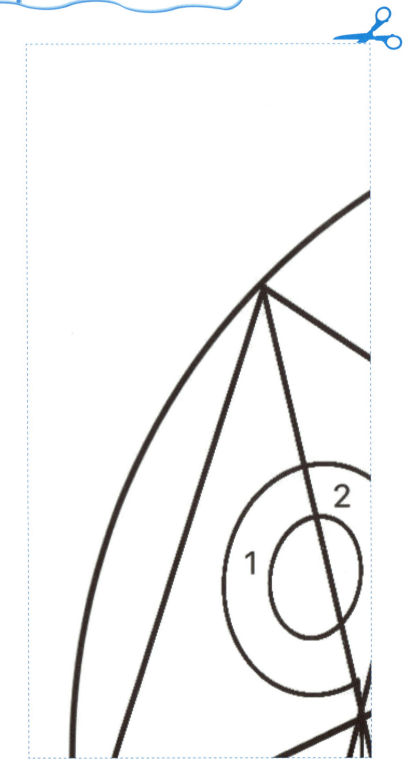

生涯规划

（上）

SHENGYA GUIHUA

致同行者

美国著名职业生涯规划大师舒伯认为，"生涯"是生活中各种事件的演进方向和历程，它综合了人一生中的各种职业和生活角色，由此表现出个人独特的自我发展形态。生涯规划是一个人尽其所能地规划未来生涯发展的历程，在考虑个人的兴趣、能力、性格、气质、价值观以及阻力和助力的同时，了解并探索外部环境和社会发展需要，知己知彼，以做出适合自己的人生规划的过程。

中学阶段是生涯发展的探索期，我们希望通过生涯规划这个主题单元的学习，唤起学生的生涯意识，了解生涯规划的相关知识，探索生涯规划的方法，提升生涯规划的能力；引导学生将当前的学习任务与未来发展联系起来，激发学习的动力，寻找人生未来的目标，助力其未来发展。

生涯规划主题单元包含四个主题活动和一个综合实践活动。

"预见方能遇见"让学生认识生涯规划对自身发展的积极作用，唤起学生主动进行生涯规划的意识。

"探索兴趣的秘密"帮助学生了解个人的兴趣是多元和发展的，感知兴趣与未来职业的关系。

"智能雷达图"引导学生进行自我智能分析，明白智能与职业之间的关系。

"家庭职业树"让学生透过家庭成员的职业了解外部职业世界并初步理解个人职业选择会受到家庭的影响。

综合实践活动"职业访谈"让学生学习收集感兴趣的职业的信息，对职业有初步感知。

本单元的重点在于引导学生进行生涯意识的唤醒、自我的探索和初步的职业感知。

主题 1

预见方能遇见

活动目的

1. 认识生涯规划对自身发展的积极作用。

2. 唤起主动进行生涯规划的意识。

准备工具与材料

"_____的生涯故事"（活动单）。

活动内容与流程

暖身活动：大树成长记（8min）

活动步骤

1. 用身体模拟一棵大树的成长过程。

2. 四种状态：种子（蹲在地上）、小芽（坐在椅上）、树苗（站起身来）、大树（站立且双手上举）。

3. 成长方式。

A. 两两一组，以"石头、剪子、布"猜拳的形式进行比赛。

B. 赢的人成长一级，输的人退回一级（种子状态如果输了，保持不动）。

C. 同成长状态的人比拼，直到长成大树。

D. 结束时，请所有参与者保持当前状态。

4. 讨论与分享。

A. 分别请处于"大树"和"种子"状态的参与者谈谈对自己所处状态的看法和感受。

B. 大树的成长历程带来的启示是什么？

⚑ 引导要点

★ 在刚刚的活动中，我们体验了一颗种子成长的过程。对大部分种子来说，想要长成大树，并不是一件容易的事情，即便如此，每一颗种子依然努力成长。跳出游戏，回归自己，我们也在不断地成长，你是否想过自己未来将去向哪里？会做些什么呢？

🔍 技能 UP

★ 对于活动最后依然是"种子"的这部分参与者，带领者要通过反馈引导他们看到自己努力成长的愿望和行动。

★ 对于活动中不断变化却未能长成"大树"的这部分参与者，带领者要通过反馈引导他们发现自己在这个过程中获得的经验和技能。

主题活动：创编生涯故事（25min）

📊 活动步骤

1. 分组：六人一组。

2. 填写活动单，创编生涯故事。

A. 每人一张活动单，首先在活动单的题目划线处填写自己的名字。

B. 自行思考，从现在到六十岁，自己认为非常重要的五个年龄，比如十五岁（上高中的年龄）、十八岁（上大学的年龄）、工作的年龄等。

C. 将五个年龄填写到活动单对应位置。

3. 小组活动。

将活动单按顺时针方向传递，由下一个参与者按照自己的想法，依次从第一个年龄开始，为活动单的主人翁编写生涯故事，即在这个年龄发生了什么事，对活动单主人的未来生涯有什么影响。每人只填写一格，直到所有空格全部填写完成，活动单回到其主人翁手中。特别注意：生涯故事中，需要包含为主人翁设计的专业或职业的信息。

4. 小组讨论与分享。

A. 假如这就是你自己的人生，你是否满意，为什么？

B. 为他人填写生涯故事时，你的感受是什么，有什么启发？

5. 小组汇报讨论结果。

⚑ 引导要点

★ 他人为我安排的人生并不一定是我想要的人生。我想过的人生，应该由我自己设计。

★ 在为别人书写生涯故事时，我们可能会发现自己想要的人生。

🔍 技能 UP

★ 为了便于参与者理解，带领者可以选择一个年龄，编写一个示范。

★ 参与者分享时，带领者可以适当追问，如下：

在他人为你填写的生涯故事中，有你感到满意的事吗？哪件事最满意，为什么？（分析满意的原因，了解到如果这个故事是由自己填写的，也有同样的期待。再次强化自己的人生需要自己去规划和实现的意识）

在故事的发展中，出现一些特殊的改变生涯轨迹的事件时，你会如何应对呢？（初步感知不确定的未来需要积极的态度去应对）

★ 强调整个故事中，需要包含有专业和职业的信息，故事要符合现实生活的脉络，不能过于天马行空。

延伸活动（5min）

活动步骤

讨论：通过刚才的活动，你认为如果要在现阶段进行生涯规划，需要考虑哪些因素？

引导要点

★ 在规划中，需要对以下内容进行探索：

A. 关注自我兴趣，挖掘自身的潜能。在"我喜欢做什么？""我擅长做什么？"等问题中了解自己的兴趣、能力，更全面地了解自己。

B. 关注外部世界，通过"中考后我将去向哪里？""大学有哪些专业？""都有哪些职业？""社会发展与职业有什么关系？"等问题，对自己的生涯发展进行思考，对未来有所期许。

C. 行动与调整，在自我了解和对未来有初步规划之后，关注从现在到未来的过程，即如何到达目的地？做好目标管理、时间管理，通过实际的行动向未来迈进。

总结（2min）

1. 每个人都有自己对于未来的期待。

2. 自己的人生需要自己去规划。

3. 人生可能会有不期而遇的变化，如何适应变化尤为重要。

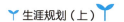

活动单

_____的生涯故事

请注意：

1. 自己不参与自己生涯故事的编写。

2. 在生涯故事中，需要包括专业或职业的信息。

3. 生涯故事前后可以有所关联，也可以出现一些特殊的改变生涯轨迹的事件，故事要符合现实生活的脉络，不能太过于天马行空。

年龄 1	重要事件及影响	年龄 2	重要事件及影响	年龄 3	重要事件及影响
	事件： 影响：		事件： 影响：		事件： 影响：

年龄 4	重要事件及影响	年龄 5	重要事件及影响		
	事件： 影响：		事件： 影响：		

主题2

探索兴趣的秘密

活动目的

1. 了解每个人的兴趣是多元和发展的。

2. 理解兴趣是未来职业选择的重要参考因素。

准备工具与材料

1. 探索兴趣岛（活动单）。

2. 六个岛屿标记牌（六个岛屿的编号和名字，可以制作成 KT 板，也可以用 A4 纸打印）。

3. 六张大白纸。

4. 霍兰德职业兴趣理论（资料单）。

活动内容与流程

暖身活动：大风吹（5min）

📊 活动步骤

1. 带领者发出指令"大风吹"，所有参与者回应"吹什么"。

2. 带领者发出指令，指令内容为具有某一个兴趣爱好的人，比如"吹喜欢唱歌的人"。

3. 所有喜欢唱歌的参与者起立，并相互挥手打招呼。

4. 活动重复继续，每次带领者发出的指令均指向兴趣，且不相同，共进行六至十轮。

🚩 引导要点

★ 在刚才的活动中，大家发现"大风吹"的内容有什么共同特点吗？它们均指向兴趣，这也是今天大家讨论的主题——探索兴趣的秘密。

🔍 技能 UP

★ 带领者要注意活动的节奏，并在开始的几轮提醒站起来的参与者要向和自己一样站起来的参与者挥手打招呼，目的是建立彼此间的联结，营造相互支持的活动氛围。

主题活动：探索兴趣岛（30min）

📊 活动步骤

1. 指导语：假如你获得了一次免费旅行的机会，去下列六个岛屿中的一个旅游，唯一的要求是你必须要在这个岛上待至少六个月。带领者介绍六个岛屿的特点（详见活动单：探索兴趣岛），让参与者不要考虑其他因素，仅凭自己的兴趣按一、二、三的顺序挑出自己最想前往的三个岛屿。

2. 场地中分出六个区域，分别代表 A、I、R、C、E、S 岛，参与者以自己所选的第一位岛屿为分组标准移动位置，与其他参与者一起重新组合成六个小组。

3. 六个小组分别选出自己的岛主。

4. 岛主组织讨论和分享。

A. 岛员依次分享选择这个岛屿的原因。

B. 岛主带领本岛成员总结本岛成员有哪些共同特点，归纳出关键词，记录在大白纸上。

C. 岛内成员依次分享自己感兴趣的职业，记录在大白纸上。

D. 岛主带领本岛成员讨论每个成员的特点和职业之间的关系，记录在大白纸上。

5. 每个小组推选一位成员在全场分享讨论结果。

6. 带领者简要分享霍兰德的职业兴趣理论，并讲解六个岛屿的意义（详见资料单），并在最后通过提问引导参与者思考，让参与者了解到兴趣不是固定不变的，是可能发生变化的。

🚩 引导要点

★ 同一岛屿的人可能会有相似的特点。

★ 因为每个人并非只有一个方向的兴趣，我们的兴趣可能是多元的、丰富的。排在前三位的岛屿都很重要，它们中隐藏了我们兴趣的秘密。

★ 如果我们未来从事感兴趣的职业，有可能获得较大的愉悦感和成就感。

★ 随着年龄的增长，人的兴趣也是会发生变化的。

🔍 技能 UP

★ 不同岛屿的参与者归纳出的同组成员的特点和职业倾向与霍兰德六个类型的特点和参考职业之间会有一定的相似性，但也可能出现不一致的情况，这是因为兴趣本不是单一的，而是多维度的。活动的目的是体验兴趣与职业之间的相关性，引导参与者了解在职业选择时要考虑自己的兴趣。

★ 不同岛屿的职业倾向仅为参考，并不是绝对的指向。

★ 如果有的组人数很多，可以根据实际情况将该组平分为两个小组，更有利于组员进行充分的讨论，每组人数在六至八位比较合适。如果有的小组人数比较少，带领者可以在安排好其他小组后，进入人数较少的小组，带领其进行充分的讨论。

总结（5min）

1. 每个人都有自己感兴趣的领域。

2. 做自己喜欢做的事情，可以给人带来愉悦的感受，让自己更有动力地积极投入到工作或活动中，创造更大的成功概率，获得更高的成就感。

3. 兴趣会随着成长发生变化，中学生需要在当下的学习生活中，去发现和培养更丰富的兴趣，以适应未来的职业。

4. 职业的选择需要参考兴趣的因素，还需要结合能力、职业价值观、社会需要等多种因素进行综合考量。

活动单

探索兴趣岛

A岛：美丽浪漫的岛屿。

岛上遍布美术馆、音乐厅，弥漫着浓厚的艺术文化气息。同时，当地的居民还保留了传统的舞蹈、音乐与绘画，许多文艺界的朋友都喜欢来这里找寻灵感。

I岛：深思冥想的岛屿。

岛上人烟稀少，建筑物多僻处一隅，平畴沃野，适合夜观星象。岛上有多处科学博物馆以及科学图书馆等。岛上居民喜好沉思、追求真知，喜欢和来自各地的哲学家、科学家、心理学家等交换心得。

R岛：自然原始的岛屿。

岛上保留有热带的原始植物，自然生态保持得很好，也有相当规模的动物园、植物园、水族馆。岛上居民以手工见长，自己种植花果蔬菜、修缮房屋、打造器物、制作工具。

C岛：秩序井然的岛屿。

岛上建筑十分现代化，具有进步的都市形态，以完善的户政管理、地政管理、金融管理见长。岛民个性冷静保守，处事有条不紊，善于组织规划。

E岛：显赫富庶的岛屿。

岛上的居民热情豪爽，善于企业经营和管理。岛上的经济高度发展，处处是高级饭店、俱乐部、高尔夫球场。来往者多是企业家、经理人、政治家、律师等。

S岛：温暖友善的岛屿。

岛上居民个性温和、十分友善、乐于助人，各社区均自成密切互动的服务网络，人们多互助合作，重视教育，弦歌不辍，充满人文气息。

我最想去的三个岛屿：

————、————、————

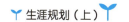
资料单

> 霍兰德职业兴趣理论是美国著名的职业指导霍兰德专家提出的具有广泛社会影响的职业理论。理论的基本原理是选择一种职业，是一种人格表现，因此职业兴趣测验也是一种人格测验。某一类型的职业通常会吸引具有相同人格特质的人，而具有相同人格特质的人对许多生活事件的反应模式也是相似的。他们创造了具有某一特色的生活环境，也包括工作环境。霍兰德认为，在同等条件下，人和环境的适配性或一致性将增加个人的工作满意度、职业稳定性和职业成就感。

六种类型特点：

实际型 R
愿意使用工具从事操作性工作，动手能力强，做事手脚灵活，动作协调。偏好于具体任务，不善言辞，做事保守，较为谦和。不太喜欢需要社交、与人接触的活动。

研究型 I
抽象思维能力强，求知欲强，肯动脑，善思考。喜欢独立的和富有创造性的工作，不善于领导他人。考虑问题理性，做事喜欢精确，喜欢逻辑分析和推理，喜欢不断探讨未知的领域。

常规型 C
尊重权威和规章制度，喜欢按计划办事，细心，有条理，习惯接受他人的指挥和领导，自己不谋求领导职务。喜欢关注实际和细节情况。通常较为谨慎和保守，不喜欢毛线和竞争，乐于配合和服从。

艺术型 A
喜欢只有自在、富有创意的工作环境。有创造力，乐于创造新颖、与众不同的成果，渴望表现自己的个性、实现自身的价值，不喜欢受人支配。

企业型 E
喜欢冒险、竞争，个性积极、有冲劲。追求权力、权威和物质财富，具有领导才能。有野心、有抱负，希望拥有权力，受人注意，并成为团队中的领导者。

社会型 S
喜欢与人交往，不断结交新的朋友，善于言谈，愿意教导别人。关心社会问题，渴望发挥自己的社会作用。寻求广泛的人际关系，比较看重社会义务和社会道德。

主题 3

智能雷达图

活动目的

1. 进行自我智能分析，制作自我智能雷达图，了解自己的智能组合。

2. 理解优势智能对个人职业发展的积极的促进作用。

准备工具与材料

1. 职业卡三至五张（医生、服装设计师、教师、电子竞技运动员……）。

2. 智能雷达图（活动单 1）。

3. 多元智能卡（活动单 2，一套八张，每人一套）。

活动内容与流程

暖身活动：职业超能力（5min）

📊 活动步骤

1. 指导语：一个人能否胜任一项职业和他的能力是密切相关的，假如能够让不同的职业拥有一个与之匹配的超能力的话，你希望给他们匹配哪种超能力呢？

2. 带领者（或邀请一位参与者）在准备好的职业卡中随意抽取一张，请参与者们给这个职业赋予超能力，并分享原因。

3. 听完参与者的分享，如果你觉得这种超能力和这个职业很匹配，就为他鼓掌，掌声的响度代表你认为其匹配的程度。

4. 每个职业可以请二至三位参与者来分享，带领者一共可以抽取三至五张职业卡。

🚩 引导要点

★ 我们为每个职业匹配的超能力各不相同，各具特点。这些超能力的背后，其实是我们对这个职业能够更好地完成它的工作使命的一种美好期待。在现实生活中，职业人可能不会拥有这些超能力，但是那些美好的期待，却是可能实现的。因为，我们每个人都有一个巨大的潜能宝库，成长过程其实就是不断发现并实现自身潜能的过程。让我们一起去发现自己的优势潜能与职业之间的关系所在。

🔍 技能 UP

★ 尊重每位参与者谈到的超能力，并将这种超能力与职业之间的关系链接起来。

★ 活动的主要目的在于活跃气氛。带领者要特别注意，活动后的总结指向：虽然超能力是我们的想象，但是完成某项工作所需的能力是我们可以发现和培养的。

主题活动：智能雷达图（30min）

📊 活动步骤

1. 四人一组，每位参与者确定一个属于自己的编号（1号、2号、3号、4号）。每人一套多元智能卡（八张），在每张卡片的背面写上自己的编号。

2. 带领者简要讲解多元智能理论（见活动单2）。

3. 完成"我的智能雷达图"。

自我评价：根据带领者对多元智能理论的讲解，参与者进行自我评价，对每项智能评分，分数为 1~10 分，1 分是完全没有这项智能，10 分表示这项智能在自己身上非常突出。初步完成我的智能雷达图（活动单 1）。

他人评价：以自己对小组其他成员的了解，将自己手上的智能卡背面朝上，按照不同的智能，分别交给自己认为本组内最具备这种智能的参与者。（如果你感觉本组成员都不是很符合某些智能，就交给自己认为最有潜力提升这种智能的小组成员。）

小组分享：智能卡分发完毕后，每位参与者翻开自己收到的卡片，依次进行分享，分享内容如下：

A. 你收到了哪些智能卡片？谈谈你的感受。

B. 在这些卡片中，哪一张或几张是你觉得有疑惑的（比如：不觉得自己拥有这种智能）？可以根据卡片上的编号，找到给你发卡的同伴，了解他将这张智能卡发给你的原因。

通过分享和交流，对自己的智能发展进行再次评估，如果需要调整，请用另一种颜色的笔，修改自己的智能雷达图。

4. 完成"职业智能雷达图"。

A. 四人为一个小组，小组成员依次分享自己希望从事的职业是什么，如果没有，就分享一个自己感兴趣的职业。分享完毕后，将自己谈到的职业，填写在职业智能雷达图（活动单 1）的中间。

B. 四人小组依次讨论小组内每一位成员所写的职业，分别就该职业对这八种智能的需要程度进行打分，1~10 分，1 分表示完全不需要，10 分表示非常需要。依次完成后，请每位参与者根据对应分数，完成自己的职业智能雷达图。

C. 小组讨论分享：不同职业对智能的要求有什么区别，对你的启示是什么？

5. 探索多元智能与职业之间的关系。

请参与者将"我的智能雷达图"和"职业智能雷达图"进行对比，看看自己现在的智能发展与未来感兴趣的职业对智能的要求之间的关系。

A. 你现有的优势智能与期待的职业所需的智能匹配度如何？

B. 你有什么发现？

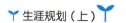

C. 如果你发现现有的优势智能与期待的职业需要的智能之间有差距，你准备怎么做呢？

🚩 引导要点

★ 每个人的智能雷达图反映的是你当下的智能发展情况。通过小组内的分享，你会发现，每个人的智能雷达图都是不同的，我们有各自擅长的智能。

★ 职业智能雷达图呈现了你期待的职业，或者感兴趣的职业与多元智能之间的关系。不同的职业对智能的要求有相似，也有差异。

★ 每个人的智能是多元化的而非单一的，每个人都拥有不同的智能优势组合，如果目前具有的智能与你期待的职业所需的智能间还有差距，不用担心，每一种智能也是可以通过培养获得发展的，你需要做的是在学习和生活中创造机会去提升它。

🔍 技能 UP

★ 在他人评价、与同伴交换智能卡时，通过分享和交流环节加强参与者的自我觉察，让其对自身的智能进行再一次的评估。

★ 职业智能雷达图，引导参与者思考职业与智能之间的关系。

★ 通过两幅智能雷达图的对比，激发参与者提升自己智能的动力。

★ 带领者可以请参与者选择性完成智能提升计划，即选择一个自己最想要提升的智能写出具体的提升方案，并在全场进行分享。

总结（5min）

1. 每个人都有自己的优势智能组合。

2. 我们的智能发展将影响未来职业发展，优势智能与职业需求更匹配，有利于职业发展。

3. 智能是可以通过训练得到提升的。

活动单 1

智能雷达图

一、我的智能雷达图

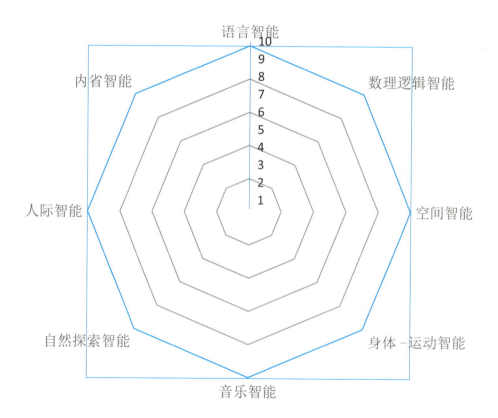

二、职业智能雷达图

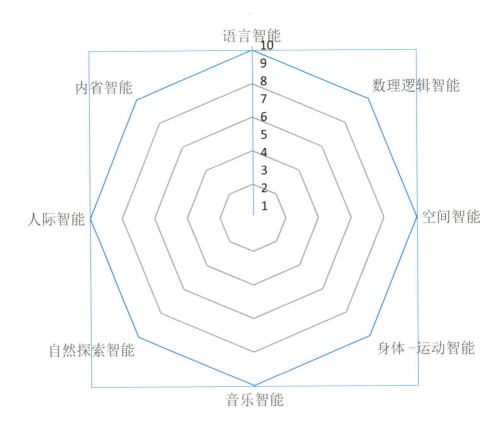

活动单2

多元智能理论由美国教育学家和心理学家加德纳提出，是一种全新的人类智能结构理论。他认为过去对智力的定义过于狭窄，未能正确反映一个人的真实能力。加德纳提出人类的智能至少可分成八种：语言智能、数理逻辑智能、空间智能、身体—运动智能、音乐智能、自然探索智能、人际智能、内省智能。

语言智能	能有效地运用听说读写的能力；能够顺利而高效地利用语言描述事件、表达思想并与人交流。
数理逻辑智能	善于靠推理来进行思考；喜欢提出问题并执行实验以寻求答案；乐于寻找事物的规律及逻辑顺序。
空间智能	对色彩、线条、形状、形式、空间及它们之间关系的敏感性很高；感受、辨别、记忆、改变物体的空间关系并借此表达思想和情感的能力比较强。
身体—运动智能	善于运用整个身体来表达想法和感觉；善于运用双手灵巧地生产或改造事物。
音乐智能	个人对音乐节奏、音调、音色和旋律很敏感；具有通过作曲、演奏和歌唱等表达音乐的能力。
自然探索智能	认识植物、动物和其他自然环境的能力比较强；在生物科学上的表现较为突出。
人际智能	能够有效地理解别人及其关系；与人交往的能力比较强，包括组织能力、协商能力、分析能力等。
内省智能	认识自己的能力比较强，能正确把握自己的长处和短处，了解自己的情绪、意向、动机、欲望，对自己的生活有规划。

主题 4
家庭职业树

活动目的

1. 通过对家庭成员的职业访谈了解外部职业世界。

2. 初步理解个人职业选择会受到家庭的影响。

准备工具与材料

1. 职业卡数张（共五个职业，按照人数准备，每人一张）。

2. 访谈表（活动单1）。

3. 家庭职业树（活动单2）。

活动内容与流程

暖身活动：职业猜猜猜（5min）

活动步骤

1. 带领者在课前发给每位参与者一张职业卡（医生、教师、程序员、飞行员、服装设计师），请参与者保管好，且不能让其他人看到，同时请参与者思考用一个动作来代表自己收到的卡上的职业。

2. 上课时，带领者随机请一位参与者表演自己拿到的职业卡，并请全体同学猜测他 / 她的职业。

3. 带领者请拿到相同职业卡的参与者起立，并让他们同时用各自的方式表演自己对这个职业的理解。带领者随机采访参与者为什么用这种方式表演，这个职业有什么特点。

4. 重复活动，直到五种职业都被展示到。

引导要点

★ 社会发展产生出更多的职业种类，不同的职业有不同的要求，相同的职业也有不同的认识。我们将要从自己的家庭出发，走进职业的世界。

技能 UP

★ 带领者也可以根据参与者的特点，自行选择五种职业。

★ 拿到相同职业卡的参与者在展示时，带领者注意提醒参与者结合自己所理解的这一职业的特点摆出造型，对摆出与众不同的造型的参与者进行提问，引导参与者发现职业特点的多元性。

主题活动：家庭职业树（30min）

活动步骤

1. 课前准备。

A. 课前带领者要求参与者了解自己家庭成员的职业及职业特点，并对其中一位成员进行访谈，填写访谈表（活动单 1）。

B. 在"家庭职业树"中（活动单 2），以一棵树的形式，尽可能多地将自己的家庭成员（爸爸、妈妈、爷爷、奶奶、外公、外婆、伯父等）及他们的职业绘制在这棵树上。

2. 第一轮探索。

A. 参与者以四人小组为单位，结合课前访谈收集到的信息，各自选择家庭职业树中的一个职业与本组成员分享，分享内容包括该职业的工作内容、能力要求、职业价值等方面的信息。

B. 每组选择一位参与者为代表，向全体成员分享一个家庭成员的职业。

C. 参与者在小组内分享自己对不同职业的初步认识。

3. 第二轮探索。

参与者围绕以下问题，在小组内进行第二轮探索，并派代表在全场进行分享。

A. 在自己家里，最多家庭成员从事的职业是什么？可能的原因是什么？

B. 家人们认为从事哪种职业较好，为什么？对你的职业选择有什么影响？

C. 经过对不同职业的了解，你心中是否有感兴趣的职业？如果有，是什么？如果目前还没有，你准备如何去探索？

🚩 引导要点

★ 不同的职业有不同的职业内容与要求。

★ 不同的职业对于能力的要求有区别也有共性。

★ 自己的职业选择会受到家庭成员的职业的影响。

★ 我们可以从家庭成员的职业探索开始，去了解更多的职业，进而发现自己感兴趣的职业，创造机会进行初步的职业体验。

🔍 技能 UP

★ 注意在参与者绘制家庭职业树时，带领者要强调写出家庭成员的职业而非职务。避免参与者在分享时，将注意力集中于职务的高低，带来攀比。

★ 第一轮探索的深度，基于前期访谈中参与者对某一职业认识的程度。参与者通过前期的充分了解，向小组成员和所有参与者分享不同职业的工作内容、能力要求、职业价值等方面的信息。

★ 第二轮探索，参与者要基于对尽可能多的家庭成员职业信息的归纳，从中发现自己家庭成员职业的特点。至少有两个观察点：第一，家庭成员职业的相似程度；

第二，自己的职业选择与家庭成员职业之间的关系。带领者要引导参与者从中发现家庭对自己未来职业选择的影响，并对这一影响进行分析和思考。

总结（5min）

1. 现代社会有多种职业，每种职业都有自己的特点和要求。

2. 家庭成员会对我们的职业选择产生影响。

3. 我们可以从了解自己的家庭成员的职业开始，逐渐去探索更多的自己感兴趣的职业。

活动单 1

访谈表

家庭成员职业调查与访谈	
家庭成员职业	
职业访谈	访谈时间： 访谈对象及其从事的职业： 具体内容： （请围绕该职业对应的专业、职业工作的内容、对能力的要求、职业的价值、职业发展等方面进行访谈。） 被访谈者签名：
对自己职业生涯的启示：	

活动单 2

家庭职业树

　　请在以下空白处，以一棵树的形式，将自己家庭成员及他们的职业绘制在这棵树上，自行设计制作"家庭职业树"。

综合实践

职业访谈

活动目的

1. 收集感兴趣的职业信息，了解某些职业所需的能力和品质。

2. 将通过访谈收集的信息和经验作为未来职业的借鉴。

准备工具与材料

访谈记录表（活动单）。

活动内容与流程

活动启动与要求

1. 此次综合实践活动需在"家庭职业树"一课完成后进行。

2. 完成"家庭职业树"后，参与者要再从身边寻找两名访谈者，进行职业访谈。

实践过程

参与者根据访谈记录表提问并记录访谈内容。

收获与分享

1. 访谈结束后，参与者分组在组内进行分享，之后整理访谈结果，每组派代表进行大组汇报。

2. 大组汇报时，带领者组织参与者讨论。

A. 访谈结果和你的家庭职业调查结果有哪些相似和不同之处？

B. 访谈过程中你有哪些感受？最深刻的印象是什么？

C. 访谈结束后，你对你调查的职业有什么新的认识？

D. 对你未来的职业选择有什么启发吗？

引导要点

★ 每种职业都有对应的专业能力要求。

★ 真实的职业工作内容可能与我们想象的不一样。

★ 大部分人的职业生涯中，都需要不断学习提高自己的能力。

技能 UP

★ 访谈最好采用面对面访谈的方式。

★ 建议参与者选择自己目前感兴趣的职业的从业人员进行访谈，做进一步的了解，以发现职业兴趣和真实工作之间的关系。

总结

1. 职业兴趣有很多种，在实际工作中，它可能与职业类型匹配，也可能不匹配。

2. 不同的职业，有不同的能力与品质要求。

活动单

访谈记录表

被访谈者：		性别：
职业：		学历：
您的工作职责是什么？		
工作场所在哪里？		
工作时间怎么样？有没有加班？		
您每天的工作内容是什么？		
您是通过什么途径获得现在这份工作的？		
您的专业和现在的职业需求匹配吗？		
您认为从事这份职业需要哪些知识、技能和经验？		
这个行业的薪酬待遇怎么样？		
在工作中，您满意的是什么？不满意的是什么？		
您的职业期待是什么？		
在这份工作中，什么是最有挑战性的？		
附：合影照片		

单元反思

成长反思

事实（Facts）：

感受（Feelings）：

发现（Findings）：

未来（Future）：

成长加油站

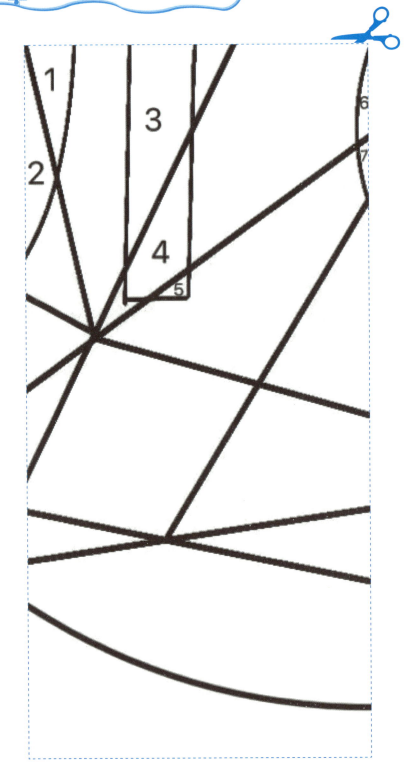

生命教育

（上）

SHENGMING JIAOYU

致同行者

　　生命教育是青少年发展中不可忽视的部分，能引导青少年珍爱生命、尊重生命，与自己、他人、环境形成良性互动。在此基础上，它还将帮助青少年感悟生命的美好，探索生命的意义，从而实现积极丰盛的人生。

　　生命教育是一个很大的范畴，会探讨我与自己、我与他人、我与环境、我与生命不同层面的内容。本手册的生命教育单元集中于"我与生命"的部分。

　　这两个单元的设计理念是：在我们的生命中总会有很多困惑，也可能有不可承受的沉重。生命有时候像一个跷跷板，即使一头的生活事件过多，让我们压力过大，在另一头也总会出现希望和美好，这样就能达到平衡。

　　上册讨论得更多的是希望和美好，包括一个主题活动和一个综合实践活动。

　　"生如夏花"让参与者用艺术创作的方式去检视自己的过去，理解过去的故事塑造现在的自己，每一个故事都有可能有正向的影响，需要我们去发现。这个活动注重带出正向力量。

　　"幸福手帐"是一个课外实践活动，使用表达性艺术的方式带领参与者去体悟生命的美好在点滴和当下，以提高参与者感受"小幸福"的能力。

主题 1

生如夏花

活动目的

1. 理解生命故事塑造个人特质，我们可以利用这些特质中的正面力量去成就自己。

2. 感激生命中的挫折，并愿意从中获得力量去发展自己。

准备工具与材料

1. 直径 2.5mm 的彩色铝丝，每个颜色各一卷。

2. 剪刀（每组一把）、透明胶带（每组一卷）。

3. 各种树叶形、花形贴纸或便笺纸。

4. 每人提前准备一张照片（可选择家庭合照，也可选择个人独照）。

5. 背景音乐。

活动内容与流程

暖身活动：照片背后的故事（5min）

活动步骤

1. 带领者出示自己的照片，分享照片背后的故事，注意带出这个故事和自己的某个特质有关这一信息。

2. 参与者两人一组，轮流分享自己的照片故事。

3. 带领者邀请愿意分享的参与者在场内分享自己的故事。

引导要点

★ 每个人的人生中都有很多故事，这些故事将我们塑造成今天的样子。

★ 我们可能喜欢一些故事，也可能不喜欢，但不论喜不喜欢，这些故事我们不能拒绝，也不能逃避，我们只能从这些故事中找到有利于自己成长的力量。

技能 UP

★ 故事分享不宜太深入，也不宜大范围分享。尽量采用两人小组分享的方式，节约时间，保护隐私。

★ 要进行全场分享的故事尽量选择正面故事或者注意要从中发掘出正向成长的力量。

★ 如果时间允许，请愿意分享的参与者多分享一些自己的故事。

主题活动：生如夏花（30min）

活动步骤

1. 参与者两人一组。

2. 带领者做示范，选择一种颜色的铝丝，将铝丝弯曲成自己的想要的形状，然后向参与者解说这是自己的生命轨迹线，并对形状、颜色所蕴含的含义进行解说。

3. 参与者预估自己生命的长度，根据自己的预估选择一段彩色铝丝，按照自己对人生的期望去塑造形状，并和搭档分享自己选择这个长度、颜色、形状的生命轨迹线的原因。

4. 参与者思考在过去的生活中已经发生的对自己影响深刻的故事（至少三件），将它简单地写在树叶形便笺上（不用详细描述事件，写关键词即可）。

5. 参与者根据故事发生的时间将树叶形便笺贴在自己的生命轨迹线上，选择一个可以分享的故事和搭档分享，并请搭档帮自己分析从这个故事中发现了自己的什么特质。

6. 参与者思考自己在所有故事中发展出来的特质并写在花形便笺上，写好后将便笺贴在自己愿意贴的位置，并选择一个或多个特质与搭档分享：这个特质怎么影响我现在和未来的生活。

7. 如果搭档分享了一个负面的特质，请帮忙找出该特质可能带来的正面影响。如果找不到，在全场分享的时候提出来，请所有人帮忙找到该特质可能产生的正面影响。

8. 再次审视自己的线塑作品，看看有没有需要调整和修改的地方。

9. 展示自己的作品，全体起立，静默观赏。如果在这个过程中有疑问，可以在活动后提问。

10. 两人小组讨论。

A. 你最欣赏对方作品的哪个部分？

B. 在这个活动中，你对自己的故事有没有新的发现？

C. 对自己或他人生命故事的新发现是什么？如果没有新发现，那作品完成以后，你觉得更坚信的是什么？

11. 小组汇报对生命的新发现。

🚩 **引导要点**

★ 生命是有限的，每个人的生命轨迹是独特的。

★ 我们生命中有很多故事，每个故事都在塑造我们自己。

★ 每个人的生命都有喜有悲，但这丰富了我们的生命，使我们更立体，有更多的层次。

★ 未来我们也会发生很多故事，不管好坏，它都会带给我们新的意义，塑造我们的某些特质，最后成就自己。

技能 UP

★ 这个部分建议带领者将活动节奏放慢一点，如果时间允许，可以加入对未来的期待等内容。

★ 如果出现具有负面影响的故事，不要去否认负面感受，带领者可以尝试帮忙寻找这个故事对以后生活的正面意义或强调能培养面对挫折的某些特质（如："我很怯弱"，这意味着我面对问题时可能会更谨慎）。

★ 如果场地和时间允许，参与者可以组织一个展览展示这些作品，可以自由交谈，但带领者要强调对他人作品的尊重。

总结（5min）

1. 我们需要利用好有限的生命，不断丰富自己，提高自己生命的品质。
2. 我们需要不断努力，乐观面对生命中的挫折，感激生命故事塑造了自己。

综合实践

幸福手账

活动目的

1. 关注自身的生活幸福感，通过对每天的观察，学习聚焦"小幸福"。

2. 通过对自己幸福维度的整理，找到获得幸福的办法和新维度。

准备工具与材料

1. 幸福手账（活动单1）。

2. 幸福源源不绝（活动单2）。

3. 彩色贴纸或彩色笔。

活动内容与流程

活动启动与要求

1. 头脑风暴：我生命中的小幸福。

带领者带领参与者尽可能多地去思考生活中的小幸福，打开参与者的思路。

2. 带领者发放"幸福手账"（活动单1），解读活动单的内容：这是一篇手账的基本格式，欢迎自创，但必须包含三个内容：对事件的简单描述；和事件有关的图片或照片；来自那个维度。

3. 带领者发放"幸福源源不绝"（活动单2），介绍幸福的六个维度。

4. 参与者在四人小组中对活动单的六个维度进行充分的论证和认识，有不理解的内容可向带领者提问。

技能 UP

★ 活动单1的四个格子可以填写一至二件事。

★ 活动单2按照心理学者 Carol D.Ryff 的多维幸福感模型设计而成。我们可以从六个维度获得幸福感，包括：自我接受、环境驾驭、个人成长、积极的人际关系、生活有方向感和自主性。

自我接受是指自我悦纳，能肯定自己，接纳自己的局限性，标志性语句有"给自己点一次赞""我喜欢自己""我给自己一个礼物""对自己的新认识""喜欢的运动"等。

环境驾驭是指和环境和谐相处，能有效利用环境资源，并主动创造有利于自身发展的环境条件，标志性语句有"感恩的事件""美味的食物""美好的旅行""美的瞬间""喜欢的音乐"等。

个人成长是指具备不断发展的意识，乐意尝试新事物，能看到自身进步，希望实现潜能，标志性语句有"在失误中学习到……""小小的进步""小小成就"等。

积极的人际关系是指能拥有真诚、融洽的关系，关心他人，能换位思考，标志性语句有"收到一件礼物"等。

生活有方向感是指能感觉到生活事件的价值，标志性语句有"我的小幸运""一件有意义的小事"等。

自主性是指能自我控制，自主决定，自我调整，标志性语句有"我今天上课认真听讲""我做了一个小小决定"等。

实践过程

1. 请参与者在接下来的一个星期里根据活动单1的提示观察自己的生活中能为

自己带来幸福感的小事件，填写或创作至少三张手账。

2. 带领者发放活动单2，参与者将自己观察到的小幸福归纳成简单的句子，并填写在活动单2内，如将"学习新技能"填写在"个人成长"维度内。也可以使用贴纸或简单的图画在六个维度中分别标示。

技能 UP

1. 如果有需要，带领者可以做活动单1和活动单2的填写示范。
2. 活动单1中使用到的图片，可以用照片或者旧报纸杂志中的图片来代替。

收获与分享

1. 晒晒自己的小幸福。

小组成员轮流讲述自己本周的小幸福，并展示自己的幸福手账。

2. 小组讨论并汇报。

A. 本周自己最满意的小幸福是什么？

B. 在这个过程中的困惑是什么？

C. 自己的小幸福主要集中在哪个维度？这对自己有什么启发？

引导要点

★ 幸福其实很简单，我们身在其中时常常会忽略，当我们用心观察，就会发现生活中有很多小小的幸福。

★ 接纳自己、遵循自己的兴趣和热情、健康地生活、和他人的良性互动、为他人服务、学会感恩、融入环境、克服困难、完成挑战、在失误中获得成长都可以是小小的幸福。

★ 每个人认定幸福的标准不同，给幸福下的定义也不同，感受幸福的能力也不同。我们要培养自己积极的心态，提高自己感受幸福的能力。

★ 生活中有一些焦虑和烦恼，正是因为它们的存在，我们得以感知当下的小幸福，也因此而不断成长，将这些焦虑和烦恼视为挑战，勇敢面对。这也是一种获得幸福的方式。

★ 有意义的生活也会给我们带来幸福，遵循自己的热情，寻找有意义的目标是幸福生活的途径之一，也是我们一生的修炼。

 技能 UP

带领者要注意，若在本活动中没有找到或找到很少幸福感的参与者，如果条件允许，要在活动中以保护为前提进行转化，如果做不到，课后转介心理工作者。

总结

1. 我们要学习聚焦每天的小幸福，提高自己的幸福感受能力。

2. 获得幸福的途径很多，我们可以选择自己的方式去感受幸福。

活动单 1

幸福手账

日期：　　　　　　天气：　　　　　　心情：

我的小幸福来自于（请打"√"或画"☆"）：

1. 自我接受　　　　4. 积极的人际关系

2. 环境驾驭　　　　5. 生活有方向感

3. 个人成长　　　　6. 自主性

活动单 2：

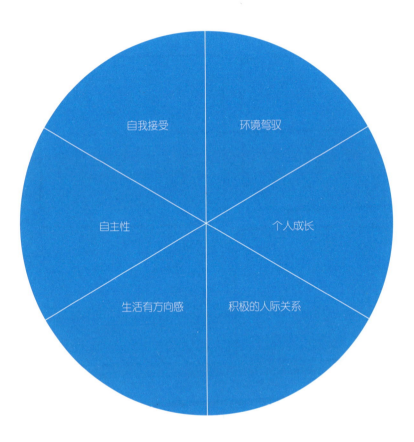

单元反思

成长反思

事实（Facts）：

感受（Feelings）：

发现（Findings）：

未来（Future）：

成长加油站

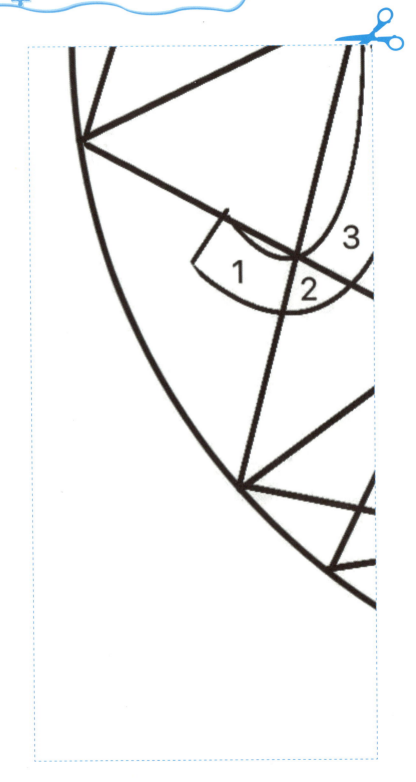

本书编委会

主　编：　曹　璇　曾　艳　李　想

编写人员（按姓氏拼音排序）：

　　　　陈　熙　付　玉　孟泓沁　易姜琳　赵鹏霞

插　图：　黄　颖

成长拼图

CHENGZHANG PINTU

——青少年体验式心理活动手册
（下）

曹璇　曾艳　李想 ◎ 主编

四川大学出版社
SICHUAN UNIVERSITY PRESS

目录 MULU

生涯规划（下）

生命教育（下）

积极适应
（下）

JIJI SHIYING

致同行者

信息时代给人们的生活带来了巨大的变化。有人说，这是一个混乱的时代；也有人说，这是一个充满机遇的时代。在这样一个时代中，如何适应快速的变化，如何让"互联网+"成为学习生活的助力，如何在纷繁的世界中做出理性的选择，都是当代青少年所面临的难题。

"另一个'我'"带领参与者了解网络的不同用途，及其带给我们的体验和感受，引导参与者树立正确的网络价值观，让网络成为其助力。"网络里的密友"提醒参与者谨慎看待网络中的人际关系，不轻信网络中未经证实的信息，学会在网络世界里保护自己的信息、财产和人身安全。"千夫与孤军"意在培养参与者的同理心，引导参与者理解每个人都有可能成为"少数"或"弱势群体"中的一员，进而意识到应当为身边的少数群体提供一个和谐的生活空间。"向左走向右走"引导参与者认识选择背后的利弊、收获和代价，尽可能理性地做出适合自己的选择。综合实践活动"新的你，新的我"让参与者通过搜集信息，整理前期学习到的积极适应的技巧，通过梳理总结，进一步提高适应能力。

积极适应当下的时代，不仅是孩子们面临的挑战，也是当今时代中每一个人正面临的挑战。在执教这一单元时，我们应充分地相信孩子的智慧——他们能够更快地接纳新事物，他们或许比我们更了解互联网的世界。

主题 1

另一个"我"

活动目的

1. 了解网络有多种用途，以及它们带给我们的体验、感受。

2. 树立正确的网络价值观，积极适应并利用网络帮助自己更好地学习、生活。

准备工具与材料

1. 四种颜色的便利贴（红、黄、绿、蓝）。

2. 彩色笔（每组一盒）。

3. A3 纸（每组一张，用于呈现讨论结果）。

活动内容与流程

暖身活动：是我，不是我（5min）

📊 活动步骤

1. 带领者每说出一个描述，请参与者判断自己是否与描述相符，如果相符，则以站立表示"是我"；若不相符，则坐在座位上不动表示"不是我"。例如：

"我是男生。"

"我今天吃了早饭。"

"我喜欢下雨天。"

"我是个爱说话的人。"

"我是个喜欢上网的人。"

2.在参与者每次选择后，带领者可以进行简要追问，促进参与者们相互了解。如，当参与者选择"我今天没吃早饭"时，带领者可以问他"为什么没有吃早饭？""是不想吃，还是没来得及？"等。

技能 UP

★ 第一个描述主要用于确认参与者是否理解活动规则，同时活跃团队氛围。因此，在参与者听到"我是男生"并进行选择后，如果有选择出错的参与者，带领者可以幽默地应对，并重申规则。

★ 最后一个描述"我是个喜欢上网的人"是为了引出本次主题。一般情况下，多数参与者会选择"是我"。而对于少数选择"不是我"的参与者，带领者可以简单询问其具体情况，并给予适当回应。

主题活动：另一个"我"（30min）

活动步骤

1. 请参与者根据自己对网络使用的偏好，领取对应颜色的便利贴。最常使用网络玩游戏的，领取红色便利贴；最常使用网络获取资讯的，领取黄色便利贴；最常使用网络与同学、朋友交流的，领取绿色便利贴；有其他网络使用偏好的人，则领取蓝色便利贴，并在分享时具体阐释是什么偏好。

2. 带领者在黑板上划分出红、黄、绿、蓝四种颜色便利贴粘贴位置，邀请参与者在便利贴上写下一至三个可以用于描述网络世界中的自己的词语，并贴在黑板对

应的区域中。

3. 带领者邀请选择不同颜色便利贴的参与者各一名，朗读粘贴于各自区域中的便利贴。期间，带领者记录每个区域中最具代表性的二到四个关键词，将他们收集以备之后使用。

4. 带领者向全体成员朗读收集到的关键词，并请参与者判断关键词是否可以用于描述网络中的自己，如认为可以，就竖起大拇指；如认为不可以，就用双手在胸前比"×"。

5. 重复前一步骤，把"网络中的自己"换成"现实中的自己"。

6. 分享与讨论。

A. 在刚才的关键词中，哪些词能够用于描述网络中的你？哪些词可以用于描述现实中的你？

B. 是否有一些关键词只能够描述网络中的你，而不能描述现实中的你？这给你带来了怎样的感受，或给了你怎样的启发？

C. 你如何看待网络中与现实中的自己可能存在不同这一现象？

D. 我们应当怎样让网络成为帮助自己更好地进行学习、生活的工具？

📕 引导要点

★ 网络有多种多样的用途，不同的用途可能满足我们不同的需要。

★ 网络在丰富生活、提供便捷的同时，也可能成为人们逃避现实困难的"虚拟避难所"。在现实中遇到困难、挫败，我们可能想要去网络世界寻求安慰。然而人们总需要面对现实中的问题，我们不应该过分沉浸在网络的虚幻体验中止步不前。

★ 网络中的我们塑造的自身形象可能就是我们的"理想自我"，是我们想要成为的样子。正确运用网络帮助自己成长，我们可以在现实和网络中，成为有价值、有意义，能够与他人建立有质量的关系的人。

🔍 技能 UP

★ 在参与者根据自己的网络使用偏好领取了对应颜色的便利贴后，带领者可以进一步邀请参与者分享其具体的喜好，以增加参与者之间的了解和联系，如是否玩同一款游戏、是否关注同一位明星等。

★ 不同的网络用途背后是参与者的不同需求。使用网络玩游戏的参与者，可能享受网络游戏带来的成就感；使用网络寻找资讯的参与者，可能喜欢网络世界轻松的氛围和高效而便捷的信息获取方式；使用网络进行社交的参与者，可能是在网络里寻找现实中缺乏的亲密沟通及被关注的感受。因此，带领者在引导分享、收集小组便利贴时，要有的放矢。

总结（5min）

1. 网络是一把双刃剑，它发挥怎样的作用取决于我们如何使用它。

2. 当我们在现实中受挫时，我们可以运用网络缓冲情绪、获取支持、寻找问题解决策略。然而，网络不能成为我们逃避问题的"避难所"，我们终要回到现实，面对、解决现实中的困难。我们要学会积极适应并利用网络帮助自己更好地学习生活。

主题 2

网络里的密友

活动目的

1. 谨慎看待网络中的人际关系，不轻信网络中各种未经证实的信息。

2. 积极适应互联网时代，强化在网络世界中保护自己的信息、财产和人身安全的意识，并学习相应的保护方法。

准备工具与材料

1. A4 纸（每组一张）。

2. 水彩笔（每组一盒）。

活动内容与流程

暖身活动：网络里的密友（5min）

📊 活动步骤

1. 带领者请曾在网络上认识过朋友的参与者举手示意，并邀请参与者简要分享自己的网络交友经历。

A. 如何与这位网友认识的？

B. 与这位网友的联系、沟通是否频繁？

C. 在现实中是否与这位网友见过面？

2. 带领者邀请参与者进行"头脑风暴"：现在有哪些常见的网络交友平台？

3. 带领者小结并提问：互联网构建了一个虚拟社交平台，满足了我们的交友需求，但你有没有经历或者听到过网络诈骗和网络犯罪的案例呢？邀请参与者分享。

🚩 引导要点

★ 总结案例中主人翁上当受骗的原因，如他轻易相信了网络中未经证实的信息等。

★ 网络中可能存在不法分子精心设计过的圈套，我们必须足够谨慎、小心，必要的时候还要学会寻求他人的帮助。

🔍 技能 UP

★ 带领者可以事先了解几则发生在学生群体中的网络诈骗、网络犯罪的案例，如果没有参与者主动分享，则可以由带领者分享案例，并通过提问引导参与者进行思考。

主题活动 1：网友的信任阶梯（15min）

📊 活动步骤

1. 带领者将"网友的信任阶梯"（活动单）发给各个小组，并向所有参与者阐释我们在和网友交往过程中可能涉及的九项内容：①告诉对方自己的真实姓名；②告诉对方自己的手机号码；③告诉对方自己的家庭住址；④告诉对方自己的学校班级信息；⑤和对方发生金钱交易；⑥和对方倾诉自己的心里话；⑦和对方探讨共同感兴趣的、与个人隐私无关的话题；⑧和对方单独见面；⑨和对方分享自己亲朋好友的信息。

2. 参与者以小组为单位，将九项内容按信任低阶（即相对不设防）到信任高阶（即要十分谨慎）的顺序进行排序，并将排序结果填写在活动单相应的位置。

3. 各组分享"网友的信任阶梯"，各组间有不一致的，可以请各组予以阐释，以深入探讨，达成共识。

引导要点

★ 网友共同感兴趣的、与个人隐私信息无关的话题，是网络交友中相对安全的内容，比如共同的偶像、社会中的新闻、感兴趣的商品、共同玩的游戏等。

★ 自己的真实姓名、手机号码、家庭和学校的信息等是我们的个人信息，一般情况下我们不能轻易将自己的个人信息暴露给对方。如果出现某些特殊情况，如对方要给你寄明信片，我们可以与父母商议后再决定是否给对方自己的个人信息。

★ 自己的心里话是否可以与网友分享，取决于你们的关系是否可靠。另外，即便是可靠的网友关系，未经同意，分享亲朋好友的相关信息也是欠妥的。

★ 网上金钱交易和与网友单独见面，最易遭遇网络诈骗和网络犯罪。我们一定要万分慎重，将这些情况分享给父母，并听取父母的建议。

技能 UP

★ 九个项目的排序没有正确答案，也不必要求各组的排序必须相同。重要的是参与者通过排序深入思考在与网友交流的过程中所述事件的安全性。

主题活动 2：网络交友守则（15min）

活动步骤

1. 给每组参与者发一张 A4 纸和一盒水彩笔。

2. 参与者讨论网络交友需要注意的地方，并创作"网络交友守则"的海报（可以采用图画、宣传语、诗句等多种形式）。

3. 小组分享作品。

⚑ **引导要点**

在参与者分享时，带领者可以有意识地将参与者列出的注意事项，分为"避免落入网络交友陷阱的策略"和"遇到网络诈骗等陷阱后的应对方法"等不同板块。

总结（5min）

1. 网络中的许多信息良莠不齐、真伪难辨，我们在网络交友时需要慎重。

2. 在网络交友时，如果遇到自己难以区分的信息、难以抉择的时刻，可以选择和师长商讨，有意识地保护自己的信息、财产和人身安全。

活动单

"网友的信任阶梯"

与网友交往过程中可能涉及的9项内容：
①告诉对方自己的真实姓名。
②告诉对方自己的手机号码。
③告诉对方自己的家庭住址。
④告诉对方自己的学校班级信息。
⑤和对方发生金钱交易。
⑥和对方倾诉自己的心里话。
⑦和对方探讨共同感兴趣的、与个人隐私无关的话题。
⑧和对方单独见面。
⑨和对方分享自己亲朋好友的信息。

请以小组为单位，根据你们认为上述每一项内容所对应的信任程度，将相应的序号填入"网友的信任阶梯"每一级台阶的旗帜上。

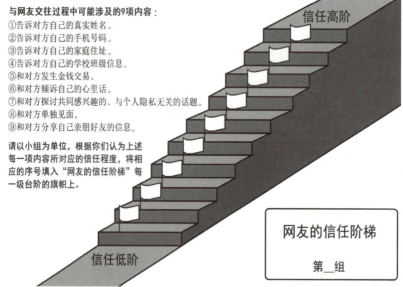

信任高阶

信任低阶

网友的信任阶梯

第＿组

主题 3

千夫与孤军

活动目的

1. 理解每个人在人生的某一段路途中都可能成为"少数"。

2. 作为"少数"时，我们要接纳自己；作为"多数"时，我们要有意识地为身边的少数群体提供一个和谐包容的生活空间。

准备工具与材料

1. 三张"找不同"的图片（活动单）。

2. 一张中间画有不同颜色的小人的海报纸。

3. 便利贴（每组一叠）。

活动内容与流程

暖身活动：找不同（5min）

活动步骤

1. 带领者向参与者阐释规则：带领者依次展示三张图片，每张图片中会有一个"不同项"，请参与者在看到图片后，尽可能用最快的速度说出图片中哪一个是"不同项"。

2. 带领者展示图（1）苹果与桃子（见活动单）。在参与者给出正确答案后，询问参与者更喜欢苹果还是桃子，或者是否有其他更喜欢的水果。

3. 带领者展示图（2）下雨与下雪（见活动单）。在参与者给出正确答案后，询问参与者更喜欢哪种天气，并简单说明理由。

4. 带领者展示图（3）黑色小人与不同颜色的小人（见活动单）。在参与者给出正确答案后，请参与者猜想，不同颜色的小人此刻的感受、心情、想法等。

技能 UP

★ 图（1）和图（2）的活动与分享，目的在于让参与者快速投入课堂。带领者可以自行设计"找不同"，重点是鼓励参与者说出其真实的想法，并尝试营造一种接纳、尊重的课堂氛围。

★ 图（3）的活动与分享意在引出课程主题。因此，在这一环节的分享时，我们暂时局限于不同颜色的小人的情绪，而不关注它发生了什么、遭遇了什么等事实性事件。

★ 通过"找不同"的活动，开门见山地引出"多数"与"少数"的主题。作为图（3）中少数的不同颜色的小人，可能会因为自己的独特而感到快乐、得意，也可能因为自己的"不合群"而担心、沮丧。如何做一位与众不同的人，如何对待身边有些特别的人，正是本节课希望探讨的主题。

主题活动 1：寻找"不同颜色的小人"（20min）

活动步骤

1. 请参与者思考，在现实生活中"不同颜色的小人"可能意味着什么。

A. 他的心情（情绪、状态）很不好；或是他的心情特别好。

B. 他是异类，他被排挤了；他是与众不同的、很特别的人。

C. 他是群体的领导者、有特殊身份的人。

2. 请参与者结合自己的经历、见闻，以小组为单位进行"头脑风暴"：现实生活中的人们，在哪些时候可能成为这位"不同颜色的小人"。

3. 请参与者回忆，在我们遇到生活中的这些"不同颜色的小人"的时候，我们可能会怎么说？可能会怎么做？

A. 拿 TA 打趣、开玩笑，甚至捉弄 TA。

B. 羡慕 TA，希望自己能和 TA 一样特别。

C. 嫌弃、鄙视 TA，不想离 TA 太近，想要远离 TA。

D. 会和其他人分享关于 TA 的事情。

4. 请参与者尝试站在某一位"不同颜色的小人"的角度去设想自己所面临的处境，并用一个词去表达自己此刻的感受。

📎 引导要点

★ 我们每个人都可能在人生旅途的某一个阶段，因为某些原因，成为"不同颜色的小人"。

★ 成为"少数"可能会给我们带来不同的感受。由于一些被人们普遍认可的特点而成为"少数"，可能是一件让我们感到骄傲的事情；而由于一些不被赞同的特点而成为"少数"，可能会给我们的生活增添困扰。

★ 作为人群中的"少数"，我们接纳自己、认可自己需要特别的勇气。

🔍 技能 UP

★ 带领者需点明：身体状况（如疾病、残疾等）、兴趣爱好、性格特点、家庭出身、性别角色等，都可能让现实生活中的人们成为"不同颜色的小人"。

★ 带领者可以基于自己的人生感悟，选择自己熟悉的例子进行分享。例如，大家熟悉的许多歌手，就是天生有着不同于他人的嗓音，再加上后天的努力，收获了人们的认可与喜爱。

★ 本节课的参与者中，也许就有"不同颜色的小人"。因此，参与者在进行分享时，一方面可能会不小心伤害到其他参与者；另一方面，一些参与者在分享时可能出现比较激动的情绪。因此，带领者要尽可能在这节课中营造安全、接纳的课堂氛围，并尽可能多地注意到所有参与者的即时反应，并及时予以支持。

主题活动 2：与"不同颜色的小人"在一起（10min）

活动步骤

1. 带领者将一张中间画有一位不同颜色的小人的海报纸贴于黑板上，引导参与者设想自己处在"不同颜色的小人"的处境：他可能因为与众不同而收获了鲜花、掌声，他也可能因为自己的特别，而遭受了许多质疑、否定的目光。"不同颜色的小人"可能是每天在我们身边的朋友，也可能正是我们自己。

2. 请每一位参与者在便利贴上，写下自己想对"不同颜色的小人"说的一句话，或是想为"不同颜色的小人"做的一件事，并与小组分享。

3. 每个小组选出三至五张便利贴，请便利贴的撰写者朗读他写下的内容，并将便利贴粘到"不同颜色的小人"身旁。

技能 UP

★ 带领者可以引导参与者在将便利贴粘到"不同颜色的小人"身旁时，摆出特别的造型。比如，每个小组的便利贴可以被摆成一朵小花，或者，多组的便利贴可以被摆成一颗围绕着"不同颜色的小人"的爱心等。

★ 可能仍然会有参与者在便利贴上写下有攻击性的语言，如"你好奇怪""希望你快点消失""看到你我就觉得恶心"等。这时带领者应尽可能引导大家，不要去关注这些留言是来自哪些参与者的，而从以下两个角度进行引导：①在社会中做一名"少数"，确实有可能会面对这些攻击。如何在面对不认可时，仍能自尊自爱、奋发前进，创造独特的价值，是我们人生的课题之一。②我们的言谈举止都可能会鼓舞或是伤害身边的人，希望每一位同学都能用善意为身边的"少数"创造一个和谐包容的生活空间。帮助身边人，也就是帮助我们自己。

总结（5min）

1. 每个人都可能会在人生的某一时期成为"少数"。作为"少数"时，我们要学会接纳自己、认可自己；作为"多数"时，我们要有意识地善待身边的少数群体。

2. 我们每个人的一言一行累积在一起，便构成了这个社会对待少数群体的风气、氛围。只有当我们每个人都可以尊重他人的不同时，我们才能拥有一个让每个人都更幸福的、和而不同的社会。

活动单

找不同

图（1）苹果与桃子

图（2）下雨与下雪

图（3）黑色小人与不同颜色的小人

主题 4

向左走，向右走

活动目的

1. 意识到人生处处会面临选择，学会选择具有重要意义。

2. 认识选择背后的利弊、收获及代价。

3. 面对重要的选择时谨慎思考，做出适合自己的选择。

准备工具与材料

1. 向左走，向右走（活动单，每人一张）。

2. 小英的故事（资料单）。

活动内容与流程

暖身活动：无处不选择（5min）

活动步骤

1. 带领者向参与者出示选择列表（见下表），请参与者根据自己的喜好做出选择。每一道选择题都有 A、B 两个选项，参与者可以用鼓掌的方式表示选择 A，用拍桌子的方式表示选择 B。

选择列表

情景	选项 A	选项 B
天气变冷了	穿秋裤	不穿秋裤
饭后吃水果	苹果	香蕉
课外兴趣拓展	数学	英语
休闲时光的安排	看综艺节目	打游戏
大学毕业后	参加工作	继续深造

2. 带领者在参与者每次选择后，邀请参与者分享自己做出选择的原因。

3. 带领者小结：我们每时每刻都在进行着选择。有的选择对我们的影响比较小，如饭后吃什么水果，而有的选择对我们的影响较大，如大学毕业后的安排。认识到选择的意义，在面临人生重要选择时谨慎思考，可以让我们收获更精彩的人生。

技能 UP

★ 参与者进行选择时，有的参与者可能既不选择 A 也不选择 B，这时，带领者可以邀请他分享自己想要做出的第三个选择，以及选择背后的原因。

主题活动：选择与人生（30min）

活动步骤

1. 带领者发放"向左走，向右走"（活动单）。

2. 带领者讲述小英的故事（资料单），在每幕剧结束时，带领者分别给各小组安排一个剧中角色，并请各小组基于自己角色的视角进行讨论、分享。在听取各方观点后，带领者请参与者在"向左走，向右走"活动单上为小英做出她的选择。

A. 第一幕：友情中的选择。当学业与友情出现冲突时，我们需要去分辨这份友情是否可以带我们走向更美好的地方，相信真正的友情应该是建立在尊重、理解、真诚的基础上的。（角色：小英、莉莉、小英的妈妈。）

B. 第二幕：爱情中的选择。带领者可以分享自己生命中的故事与人生感悟，引导参与者认识到爱情是一个复杂的话题，需要我们慎重地对待。（角色：小英、阿明。）

C. 第三幕：发展方向的选择。当父母对我们的期望与我们自己的愿望不同时，我们应与父母沟通，尝试综合自己与父母的信息，做出尽可能周全的选择。（角色：小英、小英的父母。）

3. 参与者基于三次人生选择为小英的故事续写下一个阶段性的结局，并邀请参与者分享。

🚩 引导要点

★ 人生中有些冲突是可以调和的，有些冲突是难以调和的。我们每个人都需要思考什么对我们最重要，有所坚持，有所放弃。

★ 我们做出的种种选择，影响了我们的人生轨迹。选择不同，方向不同。

🔍 技能 UP

★ 选择没有绝对的好坏，即便参与者为小英做出了三个看似不好的选择，小英未来的人生仍然充满了无限可能。

总结（5min）

1. 人生的道路充满了选择，不同的选择将成就不同的人生。

2. 每个选择背后都有着对应的收获和需要付出的代价。做出选择前，我们需要多思考，这代价是否是自己能够承受、愿意承受的，从而做出对自己负责任的选择。

活动单

向左走，向右走

第一幕：小英同学 在初二暑假后，继续／不再和莉莉玩游戏

选择：＿＿＿＿＿＿＿＿＿＿＿＿＿＿

第二幕：初三时，小英接受／拒绝和阿明交往

选择：＿＿＿＿＿＿＿＿＿＿＿＿＿＿

第三幕：在就读高中的问题上，小英接受／拒绝了父母的想法

选择：＿＿＿＿＿＿＿＿＿＿＿＿＿＿

你可以畅想一下 小英高中之后和将来 的生活吗？

结果：＿＿＿＿＿＿＿＿＿＿＿＿＿＿

资料单

小英的故事

故事的主人公为初中生小英，她的梦想是成为一名语文老师。

第一幕：

初二暑假，小英的好朋友莉莉介绍了一款网络游戏给她，小英很喜欢，就和莉莉组队一起玩。因为正处于暑假，小英每天都花很多时间在网吧玩游戏。开学了，小英的妈妈提醒她时间不多了，小英也觉得去网吧玩游戏花了很多时间和钱，但是莉莉和她是一队的，如果她不玩，莉莉怎么办？

如果你是小英，你会怎么选择呢？

A. 继续和莉莉玩游戏。

B. 不再和莉莉玩游戏。

第二幕：

初三时，小英决定减少自己的上网时间，莉莉不太开心，选择了和其他人组队。小英有些失落。同班的阿明和小英住得很近，经常和小英一起上下学。小英把自己和莉莉之间的矛盾告诉了阿明，阿明常常给她安慰。小英觉得自己有点喜欢阿明，但她又担心和阿明走得太近可能会影响学业，而且已经初三了，正是关键的时刻。结果，阿明居然先向小英表达了"特别的好感"。

如果你是小英，你会怎么选择呢？

A. 接受和阿明交往。

B. 拒绝和阿明交往。

第三幕：

小英接受和阿明交往，但很快就分手了。到了初三下学期，因为她的成绩中等，父母认为她虽然可以上普通高中，但考上重点大学的机会不大，所以希望尽早送她出国。小英一心只想留在国内上一所师范大学。为此，小英与父母产生冲突。

如果你是小英，你会怎么选择呢？

A. 接受父母的想法。

B. 拒绝父母的想法。

综合实践

新的你，
新的我

活动目的

1. 调查同伴在新环境中的适应状况。

2. 整理适应过程中个人的收获和进步，提高适应能力。

准备工具与材料

1. A4 纸、海报纸（781mm×1086mm）、水彩笔等。

2. "适应新发现"活动方案（活动单，每组一份）。

活动内容与流程

活动启动与要求

1. 带领者讲解活动要求。

参与者每二至四人分为一组，每组成员就资料收集、文字编辑、美工编辑等工作内容进行分工。

每组围绕"适应"这一主题，结合平时的观察和了解，从周围人（包括自己）身上收集信息完成一次调查，并整理编辑汇报。

A. 调查内容可以从学习、交友、网络影响等之前学习到的适应课程中选择。

B. 可以用 A4 纸、海报纸或其他方式呈现调查结果。

C. 调查应包含：问题的现状、被调查人的适应情况及他的应对策略等。

技能 UP

1. 其他呈现方式，可以是一个戏剧、一个短视频等。

2. 带领者补充说明调查报告的选取角度，如在学习中可能包含睡眠状况、学习压力来源及应对方式等，参与者要调查的是聚焦在学习这一主题下的某个小点，不用面面俱到。

实践过程

小组讨论行动步骤和分工后，填写活动单，根据活动方案完成调查报告。

收获与分享

1. 参与者分小组对调查报告进行展示和讲解。

2. 带领者组织全体成员讨论并分享。

A. 你们组内是怎么分工的？遇到了什么困难？

B. 哪一个调查令你印象深刻？令你印象深刻的是什么？

C. 他人采用了哪些之前学习的适应技巧？你喜欢哪一个呢？

D. 他人在适应上的困难或者收获对你以后有什么启发呢？

引导要点

★ 每个人在适应过程中都可能会遇到困难，区别可能只是方面不同。

★ 我们学习到的适应方法，有适合我们的，也有需要调整的，重要的是要在做中学，并且不断总结。

3. 他人在适应过程中使用的好的方法也会对我们有启发。

总结

1. 每个人都可能会遇到适应困难。

2. 我们需要不断实践、学习和总结，才能提高适应能力。

3. 他人在适应过程中使用的好的方法也会对我们有启发。

活动单

 "适应新发现" 活动方案

调查主题	组内情况		
行动步骤和分工	第一步：	完成时间：	分工人员：
	第二步：	完成时间：	分工人员：
	第三步：	完成时间：	分工人员：
	第四步：	完成时间：	分工人员：
	第五步：	完成时间：	分工人员：
	......		
呈现形式			

单元反思

成长反思

事实（Facts）：

感受（Feelings）：

发现（Findings）：

未来（Future）：

成长加油站

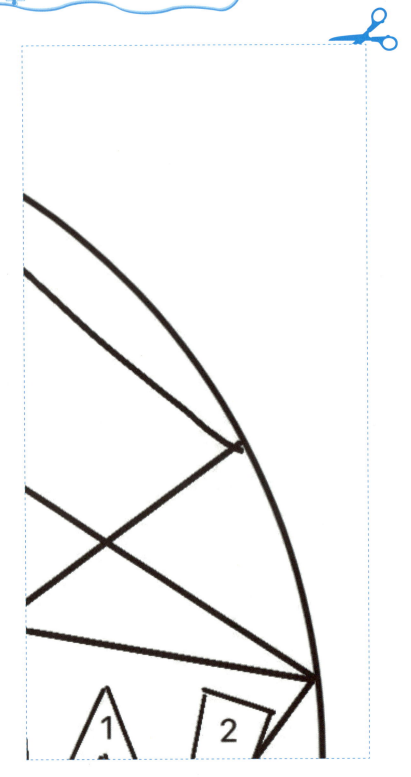

情绪管理
（下）

QINGXU GUANLI

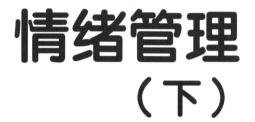

致同行者

　　　　　　情绪表达和调节的方法多种多样，只要是符合"三好原则"（你好，我好，大家好）的方法都可以一试。影响情绪的不是事件本身，而是我们的想法，因此只要改变了不合理的想法，换个角度看问题，很多困扰也就迎刃而解了。

　　基于此，本单元有三个主题活动及一个综合实践。

　　"情绪调节我有方"帮助参与者获得符合"三好原则"的情绪表达和情绪调节的方法。

　　"情绪ABC"帮助参与者明白影响情绪的不是事件本身，而是我们对事件的看法和想法。让参与者通过运用情绪ABC理论练习换个角度看问题，帮助其用积极正面的想法替代消极负面的想法。

　　"扭曲怪兽屋"是在"情绪ABC"基础上的更深入的思考与实践练习，帮助参与者通过识别不合理信念并与之进行辩驳，从而改善负面情绪。

　　"我的小确幸"邀请参与者在日常生活中时刻觉察自己的情绪，并将之前活动中所学到的情绪调节方法加以应用。

　　本单元的活动中穿插了一些基本理论，注意不要以理论讲授为主，仍应以活动体验为主，让参与者在体验中感受内化，调整行为。

主题 1

情绪调节我有方

活动目的

1. 理解每个人都会出现情绪波动，这是正常的现象。情绪是可以调节的。

2. 了解情绪表达的"三好原则"——你好（不伤害他人）、我好（不伤害自己）、大家好（不破坏环境），并学习用符合"三好原则"的方式来调节情绪。

准备工具与材料

1. 情绪曲线（活动单，每人一张）。

2. 大白纸一张。

3. 双面胶或者磁铁若干。

4. 缓解情绪小妙招（资料单）。

5. 便利贴若干。

活动内容与流程

暖身活动：情绪曲线（5min）

活动步骤

1. 带领者给参与者每人发一张"情绪曲线"（活动单），请参与者画出这一周以来的情绪波动曲线。横轴表示时间，纵轴表示情绪强度。横轴以上的部分表示积极情绪，横轴以下的部分表示消极情绪。

2. 参与者与旁边的同伴分享自己的情绪曲线图。

3. 带领者邀请代表分享。

A. 哪些人在本周内经历了情绪的波动？是如何波动的？

B. 情绪从消极到积极的转变过程中，你做了什么事情来调节？

引导要点

★ 每个人都会经历情绪的波动，这是正常的。我们可以主动采用一些方法来调节。

技能 UP

★ 情绪曲线图只需画出大致的起伏变化即可，不需要十分精确。

★ 参与者不愿意分享自己的情绪曲线时，带领者可以做一个示范。

★ 有可能参与者的曲线没有从消极到积极的大幅度波动，但是只要是情绪有提升的部分，都可以用来讨论调节方式。

主题活动：调节有方（33min）

活动步骤

1. 带领者将大白纸分成四份，从参与者分享的消极情绪（如焦虑、愤怒、忧伤、恐惧等）中，选择四种主要的情绪，写在大白纸的四个区域，贴于黑板或墙上。

2. 带领者将参与者分成四组，每组选择一种情绪并对该情绪的表达、宣泄或者调节方式进行讨论。每位参与者在便利贴上写一种方式，并将便利贴贴在大白纸上相应的区域。

3. 带领者组织参与者讨论这些方式的利弊，归纳出情绪表达"三好原则"。

引导要点

★ 情绪表达和调节的方法是多种多样的，带领者要鼓励参与者提出创造性的、有效的方法。

★ 不管参与者提出何种方法，都要符合情绪表达"三好原则"。

技能 UP

★ 对于参与者提出的比较概括的方式，带领者可以通过进一步提问将其具体化，如将"做运动"进一步具体化为"跑步""游泳"，将"听音乐"进一步具体化为"听舒缓的钢琴曲"等。

★ 如果时间充裕，带领者可以鼓励参与者尽可能多地思考情绪表达、宣泄和调节的方法，并做充分的讨论。如果时间有限，带领者可以限定每组讨论的数量（例如三至五个）。

★ 如果有投影设备，参与者可以使用投影设备进行分享展示。

★ 带领者需要留意参与者对表达负面情绪方式（如发脾气、摔东西等）的看法，并引导讨论，让他们了解使用这些方式的后果和影响，借此帮助其明白如何适当地表达情绪。

★ 带领者可以预先准备"缓解情绪小妙招"（资料单），在参与者讨论不够充分时进行补充。

总结（2min）

1. 每个人都会经历情绪的波动，这是正常的心理现象。我们可以主动地采用一些方法来调节情绪。

2. 情绪的表达和调节的方法多种多样，因人而异，只有符合"三好原则"的方法才是有益、有效的。

活动单

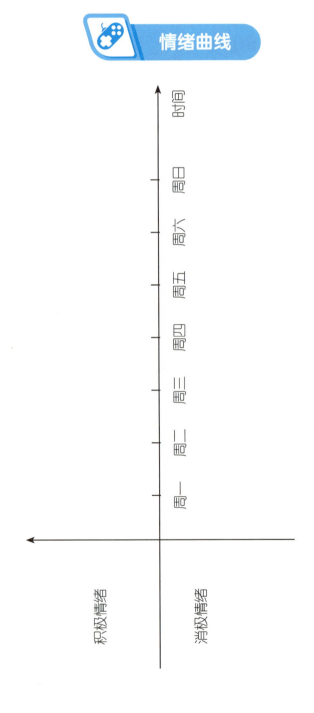

情绪曲线

资料单

1. 深呼吸：这是简单的松弛法，秘诀是控制呼吸（一呼五秒钟、一吸五秒钟）。

A. 找一个安静的地方，放松面部肌肉，嘴角微微向上扬，把注意力集中到呼吸上。

B. 深呼吸，一呼一吸，连续四次，重复三次。

C. 当你慢慢呼气时，张开嘴巴，下颚微微垂下，想象有一种沉重并温暖的感觉从下巴流向脚尖。

2. 开心笑：保持一个开心的表情与感觉。

3. 大踏步：找一个空旷的地方，从容不迫地迈开大步，摆动双手，轻轻松松地散步五至十分钟，使肌肉得到放松。

4. 休息一会儿：凝望令人松弛的蓝天和绿树。

5. 白日梦：做一些富有创意的白日梦，时间不宜超过二十分钟。这是很美妙的松弛法，秘诀是天马行空，越富有想象力越好。

6. 写心情：把心中的恐惧、焦虑、不满尽情写在白纸上，直至心中的不快被舒解为止。除非你想让家人或朋友看，不然可以把写完的纸撕碎。

7. 做运动：选择一个自己喜欢又适合舒解压力的运动，如跳绳、慢跑、散步、伸展运动等。运动能令身体平静下来，长期运动可以使身体有更加持久的抗压能力。每周至少运动三次，每次至少二十至三十分钟。

8. 肌肉松弛法：对肌肉进行适度的拉紧与放松，并配合呼吸，每天练习，有利身心松弛。

主题2

情绪 ABC

活动目的

1. 了解情绪 ABC 基本理论，明白影响情绪的关键因素不是事件本身，而是对事件的想法或观念。

2. 运用情绪 ABC 基本理论，练习换个角度看待问题，用积极正面的想法替代消极负面的想法，从而改善负面情绪。

准备工具与材料

1. 情绪 ABC 理论相关知识（资料单）。

2. 情绪夹心饼（活动单1，每人一张）。

3. 想法换新（活动单2，每人三张）。

活动内容与流程

暖身活动："你这人真好！"（5min）

活动步骤

1. 参与者两两一组，相互说"你这人真好！"体会此时内心所产生的情绪。

2. 带领者请参与者分享当听到对方说这句话时自己内心的情绪与感受。

3. 带领者提问：为什么同样一句话，引起了大家不同的情绪呢？

4. 参与者分享情绪背后的想法。

引导要点

★ 同样一句话，大家可能会产生高兴、开心、伤心、生气、怀疑、困惑、厌烦、敌意等多种不同的情绪，看来情绪的产生并不取决于这句话本身，而取决于自己内心的想法，取决于自己怎么看待这句话。

技能 UP

★ 带领者可以参考以下想法和对应的情绪，在参与者分享不出来的时候给予一些提示和引导。

想法	情绪
TA 喜欢我，真好！	高兴、惊讶
TA 仅仅是在安慰我吧！	伤心、生气
这人要干吗？	怀疑、困惑
哼，讨好我，想利用我！	厌烦、敌意

主题活动：情绪夹心饼（30min）

活动步骤

1. 带领者请参与者回顾最近一周内引起自己情绪体验的事情，填写"情绪夹心饼"活动单，写下这件事（A）、引起的情绪（C）和情绪背后的想法（B）。

2. 带领者邀请二至三位参与者展示、分享"情绪夹心饼"。

3. 带领者将参与者分成四人小组，每人分发三张"想法换新"活动单。

4. 参与者在小组内依次呈现自己的想法 B，并向小组内其他成员提出需求：每个人提供一个新的想法 B，写在"想法换新"活动纸上，直到从他人那里获得三个新的想法 B。

5. 参与者根据新得到的想法 B，再次书写情绪 C。看看这次得到的情绪是否和原来的想法 B 对应的情绪相同。

6. 分享和讨论。

A. 新的想法 B 对应产生了什么样的新的情绪 C？

B. 你从中获得什么启发？

C. 事件、想法和情绪三者的关系如何？请用图表示。

7. 带领者结合案例简要介绍情绪 ABC 理论相关知识（见资料单）。

🚩 引导要点

★ 情绪 ABC 理论告诉我们：影响情绪的关键因素是我们对事情的看法，而不是事情本身。

★ 如果我们产生了负面的情绪感受，去觉察情绪背后的负面想法，通过改变负面想法，换个角度看问题，我们就能够调整自己的情绪。

★ 积极正面的想法才会产生积极正面的情绪。面对同一件事时，我们要避免沉浸在负面情绪之中，学会从多角度思考问题，看到更多的可能性。

🔍 技能 UP

★ 如果参与者感到换想法困难，带领者可以引导参与者用这样的句式进行改写"尽管……（事件），但我能够接受，是因为……（想法）"。

★ 对情绪 ABC 理论的讲解不是重点，带领者只需要让参与者理解影响情绪的不是事件本身而是对事件的想法即可。

　　总结（5min）

1. 情绪 ABC 理论告诉我们，影响情绪的关键因素不是事件本身，而是我们对事件的想法。通过改变想法，尤其是不合理的、负面的想法，我们就能够调整情绪。

2. 觉察负面情绪背后的负面想法，换个角度看待问题，用积极正面的想法代替消极负面的想法，尤其是不合理的、负面的想法往往能够让我们走出负面情绪的泥潭。

活动单1

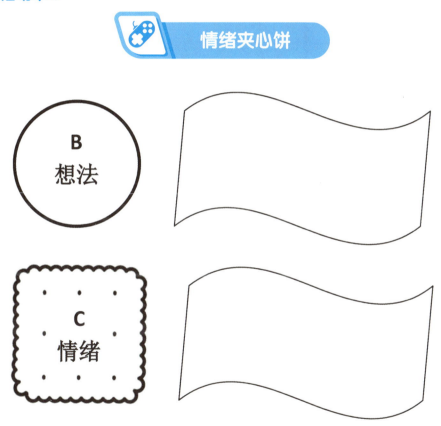

活动单 2

想法换新

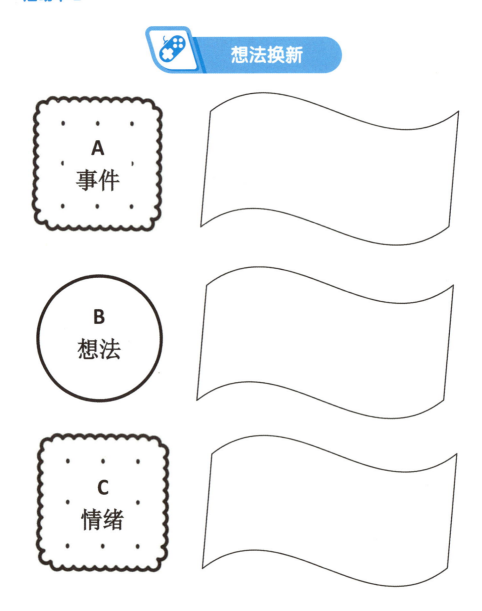

A 事件

B 想法

C 情绪

资料单

情绪 ABC 理论是由美国心理学家阿尔伯特·埃利斯（Albert Ellis）创建的。情绪 ABC 理论中，A（activating event）代表与情感有关的激发事件，即诱发性事件；B（belief）代表个体针对此诱发性事件产生的一些信念，即对这件事的一些看法、解释；C（consequence）代表自己产生的情绪反应和行为后果。

埃利斯认为激发事件 A 只是引发情绪和行为后果 C 的间接原因，而引起 C 的直接原因则是个体对激发事件 A 的认知和评价而产生的信念 B，即人的消极情绪和行为障碍结果（C），不是由某一激发事件（A）直接引发的，而是由经受这一事件的个体对它不正确的认知和评价产生的错误信念（B）直接引起的。错误信念也被称为非理性信念。正是由于人们常有的一些不合理的信念才使我们产生情绪困扰。如果这些不合理的信念存在，久而久之，还会引起情绪障碍。非理性信念通常具有绝对化的要求、过分概括的评价、糟糕至极的结果几种特征。

基于情绪 ABC 理论，埃利斯在二十世纪五十年代创立了理性情绪疗法（REBT），理性情绪疗法的整体模型可以概括为 ABCDE：

A（activating events）是诱发性事件；

B（believes）是由 A 引起的信念（对 A 的评价、解释等）；

C（emotional and behavioral consequences）是情绪和行为的后果；

D（disputing irrational believes）是与不合理的信念辩论；

E（new emotive and behavioral effects）是通过治疗达到的新的情绪及行为的治疗效果。

活动目的

1. 认识常见的不合理信念并有意识地进行觉察。

2. 与不合理的信念辩驳并对其进行纠正。

准备工具与材料

1. "田"字游戏（活动单1，一张）。

2. 扭曲思想怪兽（活动单2，每人一张）。

3. 勇闯怪兽屋（活动单3，每组一张）。

4. 扭曲思想破解密语参考（活动单4）。

活动内容与流程

暖身活动：田字游戏（5min）

📊 活动步骤

带领者呈现印有"田"字的游戏活动单，并请参与者以抢答的方式在1分钟内找到尽可能多的"其他字"。

引导要点

★ 凡事都可以从多个角度来进行思考和分析，不要限于固定的思维模式。

技能 UP

★ 在"田"字中可以找到口、日、曰、一、二、三、土、干、丑等字，也可以不局限于汉字，找到 E、F、L、P 等字母，还可以看作是电子表中的数字 0~99。当参与者思维受限时，带领者可以适当提醒。

主题活动：勇闯扭曲怪兽屋（32min）

活动步骤

1. 带领者向参与者分发"扭曲思想怪兽"（活动单 2），并介绍常见的四种扭曲思想怪兽的特征、识别信号。

2. 带领者询问参与者在生活中是否存在类似的思想。

3. 参与者每四人分成一组，形成"斗兽小分队"。带领者介绍活动规则。

A. 每个小组迎战一种扭曲思想怪兽，要在五分钟内齐心用"破解密语"来打败它们。

B. 每种怪兽分为 easy 和 hard 两种挑战模式，easy 模式的怪兽要用三个"破解密语"打败，hard 模式的怪兽要用五个"破解密语"打败，小组成员自行选择挑战难度。

4. 参与者以小组讨论的方式，在"勇闯怪兽屋"（活动单 3）上写下"破解密语"，齐心消灭扭曲思想怪兽。

5. 带领者按照扭曲思想怪兽的分类，邀请参与者分享"破解密语"。

6. 带领者提问。

A. 你们组面对的扭曲思想怪兽是什么？

B. 你们的破解密语是什么？

C. 其他人认为这个破解密语如何？有什么补充吗？

D. 还有没有其他的破解方法？

🚩 引导要点

★ 生活中常见的四种扭曲思想怪兽，我们可以通过一些关键词和特征识别它们，这是战胜扭曲思想怪兽的第一步。

★ 虽然扭曲思想怪兽很常见，但是我们可以通过辩驳战胜它。

★ 有时候扭曲思想怪兽可能是一起来的，要警惕战胜了其中一种又陷入另一种的陷阱。

🔍 技能 UP

★ 本活动基于非理性信念的特征设计，"非黑即白兽"对应绝对化、"以偏概全怪""透视心意鬼"对应过分概括化、"灰色眼镜"蛇对应情况糟糕至极。

★ 该活动也可以将参与者分成四个组，每个组分发一种扭曲思想怪兽的介绍，让小组成员自己阅读研究，并在全体成员面前介绍本组抽到的扭曲思想怪兽的特征、识别信号，调动小组成员参与。

★ 带领者可以参考活动单 4 中的破解密语进行引导，但是那并非标准答案，参与者的破解密语只要合理即可成功击败怪兽。

★ 有时参与者会从一种扭曲思想陷入另一种扭曲思想，带领者要注意辨识、引导。

★ 有的"破解密语"可能并不具备效力（并未有效反驳不合理信念），全体成员需要对其进行讨论。

★ 带领者要尽量控制活动节奏，确保分享主题涵盖每一种怪兽。

★ 带领者可以根据需要自行创作包含扭曲思想的句子，也可以使用参与者自己举出的实例替代所给的例子，可涉及消费、偶像、兴趣爱好等方面。

举例如下：

1. 如果我不穿名牌鞋，会有人瞧不起我的！

2. 我要是不买偶像代言的产品，就不算是他的粉丝了！

3. 如果我不玩手机游戏，就没有朋友了！

总结（3min）

1. 凡事都可以从多个角度进行思考和分析，不要局限于单一的角度和框架。

2. 在日常生活中难免会产生不合理信念，常见的不合理信念有非黑即白、以偏概全、情况糟糕至极等特征，我们要学会有意识地觉察。

3. 通过和不合理信念进行辩驳，我们便可以纠正它。

活动单 1

请用一分钟时间在图中找出其他字。

活动单 2

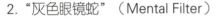

扭曲思想怪兽

1. "非黑即白兽"（All-or-nothing Thinking）

特征：用一些很"绝对"的思想影响人，要么"是"，要么"不是"。

识别信号：只有、必须、一定、绝对、应该、只能、肯定……

怪兽的话：只有读书才有用啦！如果书都读不好，做什么都白搭。

破解密语：难道只有读书才有用吗？除了读书以外，我在很多方面都是值得欣赏的，比如我画画很棒啊。

2. "灰色眼镜蛇"（Mental Filter）

特征：使人看到一件事情时只着眼于负面或令人感到沮丧的地方，而忽略其他好的方面。

识别信号：完蛋了、真糟糕……

怪兽的话：我长得太矮小了，体育运动方面就会不如别人。

破解密语：谁说个子矮就一定不擅长体育运动呢？乒乓球运动员、体操运动员个头也不高，但是他们灵活敏捷啊。举重运动员重心稳啊。

3. "以偏概全怪"（Overgeneralization）

特征：使人把个别事件或贬低自己的想法无限放大，以偏概全。

识别信号：全都、总是、永远……

怪兽的话：我这次已经很努力复习了，如果还考不好，就证明我这辈子都不是读书的料！

破解密语：一次考试结果足以证明自己的能力吗？若尽了力复习但考试成绩仍不理想，是否有其他因素影响结果？

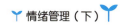

4. "透视心意鬼"（Mind Reading）

特征：使人单凭直觉猜测别人的想法和用心，并信以为真。

识别信号：没有证据地以己度人。

怪兽的话：他看见我都不和我打招呼，一定是他不喜欢我。

破解密语：有没有证据证明对方真的不喜欢我？会不会是因为他没戴眼镜；或者他心里在想事情；或者他喜欢我，但不好意思和我打招呼？

活动单 3

使用说明：此活动单有 easy 和 hard 两种挑战模式。easy 模式需要三个破解句子，hard 模式需要五个破解句子。

"非黑即白兽"

"这次考试原本想考个 80 分，结果只考了 65 分，我真是彻底失败啊！"

破解句子：

1.

2.

3.

4.

5.

"灰色眼镜蛇"

"我长得那么难看，哪会有人注意我啊！"

破解句子：

1.

2.

3.

4.

5.

"以偏概全怪"

"小明和小强成天跟我过不去，我想其他同学也一定都想针对我！"

破解句子：

1.

2.

3.

4.

5.

"透视心意鬼"

"这么简单的事他都做不好，一定是他不想做！"

破解句子：

1.

2.

3.

4.

5.

活动单 4

扭曲思想破解密语参考

	扭曲思想	破解密语
非黑即白兽	"如果读书读不好，我还有什么前途！"	人生中除了读书外，就没有其他有意义的事情了吗？
	"这次考试原本想考个 80 分，结果只考了 65 分，我真是彻底失败啊！"	是否不能达到目标就等于"彻底失败"？过程中有什么收获呢？
灰色眼镜蛇	"我长得那么难看，哪会有人注意我啊！"	难道一个人是否受其他人欢迎单凭外表？可靠、幽默感，还有其他内在美呢？
	"这次测验共有 100 道题，有 40 道我都不会做，肯定不及格！"	有 60 道题会做，一定不及格吗？
以偏概全怪	"小明和小强成天跟我过不去，我想其他同学也一定都想针对我！"	是所有人都针对你吗？有什么证据？
	"好朋友转学了，我以后再也没有朋友了！"	好朋友转学了不等于绝交啊，可以继续保持联络的！
透视心意鬼	"这么简单的事他都做不好，一定是他不想做！"	有什么证据证明他不想做？一件事容易还是难，对每个人都一样吗？
	"老师每次问问题都不叫我回答，一定是他不喜欢我。"	老师通常喜欢请哪些人回答问题？是他喜欢的？他认为知道答案的？还是其他的？

综合实践

我的
小确幸

活动目的

1. 认识到负面情绪也是生活中的一部分，需要坦诚接纳。

2. 尝试从积极的角度改变想法，并配合行动上的小改变。

准备工具与材料

"今日小确幸"活动单（每人一张）。

活动内容与流程

活动启动与要求

1. 带领者发给参与者"今日小确幸"活动单，讲解活动要求：在一周时间内，如果有发生令人不开心的事情或者让人感到不舒服的时刻，就把它填写在活动单上。

2. 带领者讲解填写要求。

A. 事件：简要叙述发生了什么事。

B. 情绪觉察：我当时的情绪感受是什么？

C. 积极想法：从积极的角度看这件事，我会怎么想？

D. 小改变：这个事情中，我准备做什么样的小改变？（可以一并写下坚持的时间或者频率。）

E. 分享：我有没有和其他人分享？得到了什么样的反馈？

F. 填写时需根据五角星上的数字顺序依次完成。

实践过程

参与者根据填写要求，在一周内完成活动单的填写。

收获与分享

1. 活动结束后，参与者分组在组内分享自己的活动单。

2. 带领者组织讨论。

A. 填写活动单的过程中，你的发现和感受是什么？

B. 你喜欢谁的积极想法和小改变，为什么？

C. 听完分享后，对你自己以后的生活有什么启发？

🚩 引导要点

★ 生活中某些不愉快事情的发生是我们不能避免的，但真实面对自己的负面情绪有助于我们更快地走出困境。

★ 面对不愉快的事情，我们调整了想法可能就会有新的发现。每个人都能挖掘到生活中小事背后的积极情绪感受。

★ 微小的改变更有效，也更能增加效能感，鼓励我们下次做得更好。

🔍 技能 UP

★ 带领者可以提前完成一个自己的五角星，把填写方法示范给参与者。

总结

1. 不能改变事件时，我们要学习接纳自己的情绪并学会换个角度思考。

2. 情绪调节可以从小的变化调整开始。

活动单

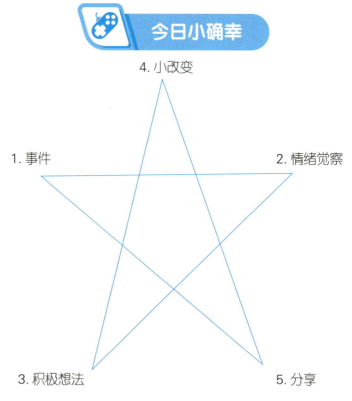

今日小确幸

1. 事件：_____。

2. 情绪觉察：我觉察到自己_____。

3. 积极想法：_____。

4. 小改变：_____。

5. 分享：我和_____分享了，他觉得_____。

举例：

1. 事件：今天和其他伙伴争论问题时，好友居然没站在我这边。

2. 情绪觉察：我觉察到自己很失落。

3. 积极想法：失落的情绪说明我真的很重视这个好友。

4. 小改变：和好友聊聊这次争执的相关话题，让彼此对对方更了解。

5. 分享：我和小红分享了，她觉得我能冷静下来和好友再去聊聊的这个做法很不错。

单元反思

成长反思

事实（Facts）：

感受（Feelings）：

发现（Findings）：

未来（Future）：

成长加油站

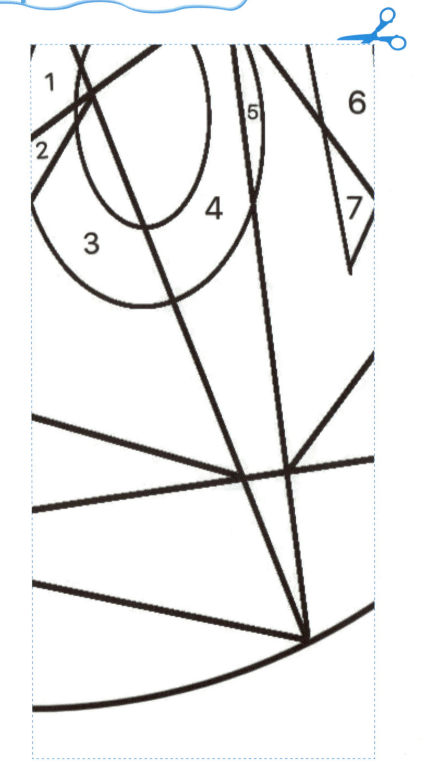

自我悦纳
（下）

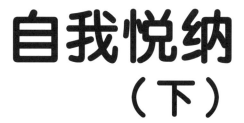

ZIWO YUENA

"自我悦纳"是个体心理健康程度的体现，能够帮助个体接受其优点或缺点以适应环境，促进个体社会化。一个悦纳自己的人，并不意味着他的一切都是完美的，而是指他在接受自己优点的同时，也了解自己的缺点，能坦然地承认自己的不足之处。

青少年较低的自我悦纳水平不利于其产生积极的思维和行为方式，而较高的自我悦纳水平有助于青少年形成乐观向上的精神状态，客观地评价自己，形成良好的个性品质。

同时伴随着认知水平的提升，青少年对自我的认识不仅仅停留在自己的优点和不足上，还会关注更深层次的问题，比如：自我与他人、生命的意义和价值等。他们在这个时期，内心会经历各种冲突和矛盾，会用更多的精力思考自己是谁，要成为什么样的人，但是又无法确定，会出现很多困惑，容易感到迷茫。

本单元共有两次主题活动和一次综合实践活动。

"把握气质底色"意在让参与者了解自己的气质类型，分析自己的气质特征并能积极地发展自己的气质。

"生命的魔幻旅行"意在让参与者开始探索自己的生命价值，探索生命中最重要的是什么。

"挖宝达人"意在让参与者在实际活动中发现自己和他人的闪光点，并进行表达。

主题1

把握气质底色

活动目的

1. 了解自己的气质类型，接纳自己的气质类型及行为方式。

2. 认识到个体的独特性，理解每个人都是不同的，并能尊重他人的不同。

准备工具与材料

1. 气质类型卡牌（活动单，每人一套，自行制作）。

2. 气质类型测试题（资料单）。

活动内容与流程

暖身活动：大话西游（5min）

活动步骤

1. 带领者邀请参与者用二至三个形容词描述《西游记》中师徒四人留给自己的印象。

2. 带领者创设情境：如果师徒四人穿越到了今天，本来他们想要去观看嫦娥的音乐会，好不容易才从玉皇大帝那里要到门票，不巧路上遇到堵车，到了会场门口，已经迟到了十分钟，服务人员告知他们只有中途休息的时候才能进入小会场。带领者提问：师徒四人分别会有哪些反应？带领者邀请参与者回答。

3. 带领者引导参与者思考：面对同一件事，师徒四人的反应各不相同，可能的原因是什么？

🚩 引导要点

★ 每个人的脾气、秉性都是不一样的，遇到相同事情，每个人的反应也不同。

★ 每个人都有着自己独特的个性底牌——气质。

🔍 技能 UP

★ 情境的创设可以灵活多变，只要与参与者的生活贴近即可。

主题活动：我的气质底牌（30min）

📊 活动步骤

1. 参与者选牌。

A. 参与者从气质类型卡牌中选择符合自己的卡片，然后根据卡片的颜色进行归类整理。

B. 带领者提问：你有几种颜色的卡片？哪种颜色的卡片更多？

C. 带领者介绍四种气质类型的特点。

2. 参与者进行两轮换牌。

A. 第一轮：参与者四人一组，分别拿出一张自己最不喜欢的卡片，背面朝上放在桌子上，然后打乱顺序，重新选择一张卡片拿回。

B. 第二轮：参与者四人一组，按顺时针的顺序，轮流抽取别的成员的一张卡片作为自己的卡片。

3. 讨论与分享。

A. 当你拿到别人的卡片时，你的感受是什么？你喜欢这张卡片吗？为什么？

B. 当你的卡片被拿走时，你的感受是什么？

C. 你最不喜欢的卡片，有没有其他人喜欢？喜欢的原因是什么？

🚩 引导要点

★ 气质相对稳定。

★ 气质没有好坏之分。每种气质都有优势和不足。

★ 接纳自己气质中的不足，看到背后的积极意义，并理解自己的行为方式。

★ 了解他人的气质，尊重并理解他人的行为方式。

🔍 技能 UP

★ 卡牌的方式是一种非标准化的评估方式。如果参与者需要更加专业的测试，带领者可以参考使用量表"气质类型测试题"（资料单）。

★ 根据气质类型图来制作卡牌。卡牌的呈现方式可以多样化，可以在正面写词语，背面用不同的颜色做记号，也可以直接用不同的颜色来书写不同类型的气质，如用红色来写形容胆汁质的词语，用黄色来写形容多血质的词语等。

★ 换牌的意义，一是在于让参与者看到，自己不喜欢的一些特点，其他人也许会喜欢，说明这些特点有着积极的方面；二是，当自己喜欢的卡片被拿走时，往往会让参与者更清晰地感受到这个特点对自己的重要性。

总结（5min）

1. 每个人的气质都是独一无二的。

2. 气质不分好坏，每种气质都有积极的一面。

3. 接纳自己和他人的气质类型，理解自己和他人的行为方式。

4. 发挥自己气质类型中的优势。

活动单

气质类型卡牌

1. 胆汁质，制作成红色卡牌。

敏感	不安	好斗	易兴奋	易变	冲动	乐观	积极

2. 多血质，制作成橙色卡牌。

好交际	开朗	健谈	有同情心	随和	活泼	无忧无虑	好领导别人

3. 抑郁质，制作成蓝色卡牌。

喜怒无常	焦虑	严肃	庄重	悲观	保守	不合群	安静

4. 黏液质，制作成褐色卡牌。

被动	谨慎	好沉思	宁静	有节奏	可靠	温和	沉着

资料单

气质类型测试题

注意事项

在回答下列问题时：

完全符合自己的情况 +2 分；

比较符合自己的情况 +1 分；

介于符合与不符合之间 +0 分；

不大符合自己的情况 –1 分；

完全不符合自己的情况 –2 分。

注意不要花过多时间去考虑。在进行回答时，记清题号及该题的相应得分。

题目

1. 做事求稳妥，不做无把握的事。

2. 遇到令人气愤的事就怒不可遏，认为把心里话全说出来才痛快。

3. 宁可一个人做事，不愿很多人在一起。

4. 很快就能适应新环境。

5. 厌恶那些强烈的刺激，如尖叫、噪音、危险情景等。

6. 和人争吵时，总是先发制人，喜欢挑衅。

7. 喜欢安静的环境。

8. 善于和人交往。

9. 羡慕那些善于克制自己感情的人。

10. 生活有规律，很少违反作息制度。

11. 在多数情况下是乐观的。

12. 碰到陌生人觉得很拘束。

13. 遇到令人气愤的事，能很好地自我克制。

14. 做事总是有旺盛的精力。

15. 遇到问题常常举棋不定，优柔寡断。

16. 在人群中从不觉得过分拘束。

17. 在情绪高昂时，觉得干什么都有趣；情绪低落时，又觉得干什么都没有意思。

18. 当注意力集中于一事物时，别的事物就很难使你分心。

19. 理解问题总比别人快。

20. 碰到危险情景时，常有一种极度恐怖感。

21. 对学习、工作怀有很高热情。

22. 能够长时间做单调、枯燥的工作。

23. 符合兴趣的事情，干起来劲头十足，否则就不想做。

24. 一点小事就能引起情绪波动。

25. 讨厌做那种需要耐心、细致的工作。

26. 与人交往不卑不亢。

27. 喜欢参加热烈的活动。

28. 爱看感情细腻、描写人物内心活动的文学作品。

29. 工作学习时间长了，常感到厌倦。

30. 不喜欢长时间谈论一个问题，愿意动手做。

31. 宁愿侃侃而谈，不愿意窃窃私语。

32. 别人说我总是闷闷不乐。

33. 理解问题时常比别人慢。

34. 疲倦时只要短暂的休息就能精神抖擞地重新投入工作。

35. 心里有事，宁愿自己想，不愿说出来。

36. 认准一个目标就希望尽快实现，不达目的，誓不罢休。

37. 同样和别人学习、工作一段时间后，常比别人更疲倦。

38. 做事有些莽撞，常常不考虑后果。

39. 别人讲授新知识、技术时，总希望他讲慢些，多重复几遍。

40. 能够很快地忘记那些令人不愉快的事情。

41. 做作业或完成一件工作总比别人花的时间多。

42. 喜欢运动量大的剧烈活动，或参加各种文体活动。

43. 不能很快地把注意力从一件事转换到另一件事上去。

44. 接受一个任务后，就希望把它迅速解决。

45. 认为墨守成规比冒风险强些。

46. 能够同时注意几件事物。

47. 当你烦闷的时候，别人很难使你高兴起来。

48. 爱看情节起伏跌宕、激动人心的小说。

49. 对工作抱有认真严谨、始终如一的态度。

50. 和周围的人总是相处不好。

51. 喜欢复习学过的知识、重复自己已掌握的工作。

52. 希望做变化大、花样多的工作。

53. 小时候会背的诗歌，你似乎比别人记得清楚。

54. 别人说你"语出伤人"，可你并不觉得是这样。

55. 在学习活动中，常因反应慢而落后。

56. 反应敏捷，头脑机智。

57. 喜欢有条理而不甚麻烦的工作。

58. 令人兴奋的事常常使你失眠。

59. 别人讲新概念，你常常听不懂，但是弄懂以后就很难忘记。

60. 假如工作枯燥无味，你马上就会情绪低落。

计分

胆汁质：2、6、9、14、17、21、27、31、36、38、42、48、50、54、58。

多血质：4、8、11、16、19、23、25、29、34、40、44、46、52、56、60。

抑郁质：3、5、12、15、20、24、28、32、35、37、41、47、51、53、59。

黏液质：1、7、10、13、18、22、26、30、33、39、43、45、49、55、57。

结果

1. 如果其中一种气质得分明显高出其他三种（均高出4分以上），则可认定为该类气质类型。此外，如果该类气质得分超过20分，则为典型；如果该类气质得分在10～20分，则为一般型。

2. 两种气质类型得分接近，其差异低于3分，而且又明显高于其他两种（高出4分以上），则可认定为这两种气质的混合型。

3. 三种气质得分均高于第四种，而且接近，则为三种气质的混合型，如"多血—胆汁—黏液混合型"或"黏液—多血—抑郁混合型"。

主题2
生命的魔幻旅行

活动目的

1. 在选择中初步探索自己的生命价值观。

2. 有意识为自己生命中珍惜的事物付出相应的努力。

准备工具与材料

1. 有盖子的盒子。

2. 一面镜子（能放在盒子里）。

3. 便利贴（每人十张）。

4. 空白明信片（每人十张）。

活动内容与流程

暖身活动：魔镜魔镜告诉你（5min）

活动步骤

1. 带领者提问：如果在假期中，你马上要开始一段旅行，你一定会带什么呢？为什么要带这个？

2. 所有参与者接龙回答，每个人只回答一样东西，前面参与者说过的后面参与者不做重复，带领者在参与者回答的同时在黑板上或白板上做记录。

3. 带领者将物品简单归类（药品、日用品、证件、衣物、应急类物品等），总结每个人会根据自己所需要的、所喜欢的、所看重的来准备物品。

4. 带领者引导："谁最了解自己的所需和喜好？这里有一个神奇的盒子，打开盒子，就会看到答案。"邀请参与者打开盒子，看看答案，并依次传递盒子，直至所有参与者都传递完。

5. 带领者介绍神奇的盒子："神奇的盒子里有一面魔镜，告诉大家自己才是最了解自己的人。而所有看了镜子的人，都将要开启一段神奇的魔幻之旅。"带领者邀请参与者开启魔幻之旅。

🚩 引导要点

★ 大多数情况下，每个人都是最了解自己的，知道自己需要什么、喜欢什么。

🔍 技能 UP

★ 参与者在回答时，带领者板书做记录。

★ 参与者在接龙回答时，带领者可以进行时间的限制，比如在三十秒内进行接龙，时间一到就停止回答。时间长短的控制可以根据整节课的时间进行灵活处理。

★ 提醒参与者在接龙回答时可以不用太多地思考，想到什么就回答什么。

主题活动：生命的魔幻旅行（30min）

📊 活动步骤

1. 带领者创设情景介绍旅行背景：这是一段神奇的旅行。出发时，每个人都可以带上任何想带的东西，乘坐魔幻"来福"航班，到达"贝斯特"（生命之最）魔幻城市，然后穿过魔幻森林，经过魔幻大海，进入魔幻城堡，将得到一个"贝斯特"（生命之最）锦囊，这个锦囊将在你每次遇到困难的时候为你指点迷津。旅程一旦开始，不能中途退出。

2. 带领者给活动参与者分发便利贴，请参与者在纸上迅速写下自己想要带的东西，每张便利贴纸上只写一样。带领者提醒参与者：想要带的东西，可以是人、动物，也可以是物体；可以是目前自己已经拥有的，也可以是还未拥有但一直期待拥有的；可以是具体的，如人、食物、钱，也可以是抽象的，如梦想等。参与者写完之后以小组为单位将便利贴纸贴在黑板上。

3. 带领者邀请参与者观看黑板上其他成员写下的内容，结合自己最开始的想法，最终确定自己要带走的东西（最多五样），用彩笔写在空白明信片上，每张明信片写一个，并在明信片上写自己的名字。

4. 带领者宣布：神奇的魔幻旅行现在开始！每个人都非常期待，带着自己想要带的东西，来到了魔幻机场，乘坐"来福"航班。飞机飞行了十五分钟后就到了"贝斯特"魔幻城市。这个城市有个不成文的规定，凡是来旅行的旅客，都需要留下一件随身携带的宝贵物品作为给这个城市的见面礼。参与者此时需要从随身携带的五样东西中拿出一样交给带领者。

5. 带领者引导：接着，大家来到了魔幻森林。这个森林，水清如碧玉，山秀如诗画，层峦叠嶂，奇峰突兀却又不失秀丽。突然，很多只魔幻精灵跳出来挡住了大家的去路。这些精灵有灵性，不贪婪。过路人要想穿过森林，一定要让这些精灵满意，而这些精灵的条件就是，过路人留下一个宝贵的物品作为"过路费"。参与者需要从剩下的四样东西中挑选一样出来，交给带领者。

6. 带领者引导：穿过了魔幻森林，大家面对的是一片魔幻大海。大家登上魔幻大船，突然一阵巨浪卷来，海盗居然出现了，他们恶狠狠地对所有旅客说："每个人都交一样宝贝出来，否则别想走！"参与者需要从剩下的三样东西中再挑选一样出来，交给带领者。

7. 带领者引导：大家经过了魔幻大海，终于来到了魔幻城堡。而进入魔幻城堡的门票需要用随身携带的一件宝物进行交换。参与者再从剩下的两样东西中挑选出一样来，交给带领者。

8. 带领者引导：每个人都将得到一个"贝斯特"锦囊。锦囊的内容是：目前对

你而言，生命中最重要的是你手中所剩的最后一样东西。你放弃了很多，只留下了手中的它！愿你能够珍惜它、守护它，借助它带给你更多的勇气和信心！愿你幸福！魔幻旅行马上就结束了，请大家闭上眼睛，心里默默地回想这一路自己的选择和感受，然后请大家在心里默数十下，数完之后睁开眼睛！

9. 分享与讨论（四人小组）。

A. 手中留下的是什么？此刻的感受和想法是什么？

B. 航班起飞时要携带的五样东西是什么？旅程中你依次放弃的是什么，为什么放弃它？中途的感受和想法是什么？

C. 手中留下的东西，对你来说意味什么？日常生活中你曾经对待它的态度是什么？为它做过哪些事情？

D. 旅程带给你的思考是什么？对于你最看重的东西，未来你有什么计划？

📭 引导要点

★ 每个人在人生的旅行中都会面临着选择，直面选择可能是艰难的、痛苦的，同时也是有价值的，是一件需要认真对待和学习的事情。每一次的选择都是成长的契机。

★ 每个人内心中都有对自己来说最重要的东西，每个人都可能不一样，要尊重每个人的选择。

★ 放弃一些东西，可能是痛苦的，同时也有着独特的意义，让你能够对过去进行反思内省以便更好地面对未来，也能让你看到自己坚守的东西的价值。

★ 平时大家也许不会特别留意自己身边最重要的人或事，只有在面临重要的选择时，才会发现自己最在意什么。

★ 人生的旅行有得必有失，不要在失去的时候才遗憾没有好好珍惜拥有。

★ 珍惜自己所拥有的，用自己的实际行动来呵护"生命中最在意的东西"。

🔍 技能 UP

★ 带领者在介绍旅行背景的时候要强调清楚旅行的规则。

★ 若在活动中出现了参与者情绪低落的情况，带领者可以给予充分的理解和适当的引导："每一个选择背后都是一个取舍的过程，这个过程的确是痛苦的、艰难的，但是一定有当下充分的理由。放弃的东西，我们可能会感到很后悔、遗憾和内疚，而这种感受也正是选择的价值之一，让我们今后若能再次拥有便会足够珍惜。"

★ 若在活动中出现了参与者不想继续旅行的情况，带领者可以进行适当的鼓励："每次选择，都是成长的契机，也都在考验着我们的勇气，越痛苦的选择，越能说明在自己内心中的分量。是否继续，也是我们面临的一个选择。你可以继续旅行，得到"贝斯特"的锦囊，让你在今后面临选择时能够得到更大的力量。当然也可以跟随自己的意愿决定是否要继续下去。"

总结（5min）

1. 生命中不可避免要面临选择。放弃和坚守、得到和失去，是人生旅行中的常态。

2. 深入地了解自己，会帮助我们做出恰当的选择。

3. 每个人生命中最重要的东西可能会存在差异，要学会尊重。

4. 放弃或失去时，虽是痛苦的，却是有意义的。

5. 珍惜所拥有的，用实际行动来呵护"生命中最在意的东西"。

综合实践

挖宝达人

活动目的

1. 学会发现自己和他人的优点。

2. 练习肯定自己和他人。

准备工具与材料

1. 小瓶子、玻璃球（或选用纽扣、彩色纸片等参与者自己喜欢的小物件）。

2. 我的宝藏记录表（活动单1）。

3. 观察纸条（活动单2）。

活动内容与流程

活动启动与要求

📊 活动步骤

1. 带领者分享给参与者一张已经填好的"我的宝藏记录表"（活动单1），示范如何填写表格。参与者在规定时间内根据表格认真记录自己的活动事项。

2. 带领者组织参与者用抽签的方式在全体成员中随机确定一位自己的观察对

象，暗中观察对方的言语和行为中积极正面的表现，在不让对方知道的情况下，一到两天反馈一个正向观察纸条（活动单2）给他。

🚩 **技能 UP**

★建议活动时间为一周，时间过长不利于参与者记录。

★参与者可以将正向观察纸条交给带领者，带领者再选择每天一个固定时间将纸条交给要反馈的对象。

★带领者示范时讲解清楚活动事件可以是什么。活动事件可以发生在校内或校外，可以是日常生活中的任何事项（比如为家人做一道菜、报名参加运动会等）。

实践过程

1. 参与者在一周内记录自己的每项活动，填写在记录表上。

2. 每项活动完成后如果对自己有新的认识或发现自己新的优点、欣赏之处，就可以放一个玻璃球在瓶子里。

3. 参与者在观察自己的同时也要观察抽到的被观察者，每一至二天反馈一个正向观察纸条（活动单2）给自己的观察者。每位参与者一旦拿到一个正向观察纸条就给自己放一个玻璃球。

收获与分享

1. 活动结束时参与者以组为单位和组员分享自己"宝藏瓶"中一至二个玻璃球所代表的事项和事项中的被发现的优势。

2. 带领者提问。

A. 你发现自己有这么多"宝藏"（优势）吗？有这么多"宝藏"（优势）的感受是什么？

B. 你在以往生活中有运用过这些"宝藏"（优势）吗？

C. 收到他人的正向观察纸条时的感受是什么？对自己有什么新的发现？

D. 你在以后准备如何运用自己的这些"宝藏"（优势）？

🚩 引导要点

★ 在日常生活中，只要我们留心观察，总是能发现自己和他人的优点。

★ 在发现自己的优点后，我们要懂得肯定和鼓励自己，那样就能挖到更多的"宝藏"（自我的优点）。

🔍 技能 UP

★ 在分享前，带领者提醒参与者带上自己未放到瓶子里的玻璃球，听到他人分享时，参与者若有新的感受和发现，也可以送一个玻璃球给分享者；如果同时发现自己也有这种"宝藏"，也可以多给自己一个玻璃球。

总结

1. 若留心观察、不断练习，我们总是能发现自己和他人的优点。

2. 每个人都希望得到正面的肯定，这种鼓励有助于进一步发现自己的优点。

活动单 1

 我的宝藏记录表

序号	时间	活动事件	我对自己的优势发现
举例		今天班上两个同学因为一件小事吵了起来，我去劝架。	热心、冷静、积极帮助他人。

活动单 2

 观察纸条

我观察的是：

我看到你做了 _____	你的优秀品质是 _____

单元反思

成长反思

事实（Facts）：

感受（Feelings）：

发现（Findings）：

未来（Future）：

成长加油站

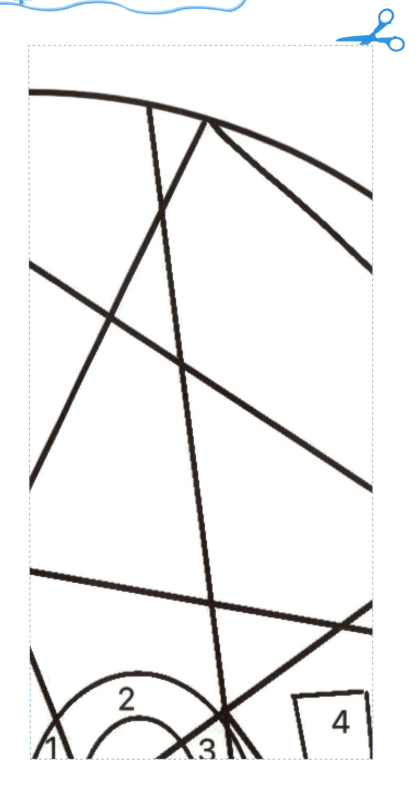

沟通协作

（下）

GOUTONG XIEZUO

致同行者

青少年若能掌握良好的沟通技巧，就能获得较为友好稳定的人际关系。最重要的是他要通过有效的沟通以及沟通得到的反馈不断去认识自我。这样的沟通才能让他们不断地去扩展自己，接纳自我的不同。

真正的沟通能让我们重新学习聆听和表达的方式，我们会珍惜每一次和他人的互动，不再是非良性的循环。我们能真实、准确地表达自己，又能尊重、理解和倾听他人，不急于去反驳他人，专注于彼此的感受和需要，让爱在彼此的关系中自由流动。

这里面有一些原则，也有一些技巧需要练习，因此本单元共有四个主题活动和一个综合实践活动。

"友谊小船"让参与者认识到友谊需要双方共同努力维系，在友谊危机发生的前后，我们都可以去做一些事情避免危机或者应对危机。

"听心的声音"带领参与者练习倾听技巧，明白倾听的重点在于听到对方的感受，而不是事件。

"如何启齿"是关于犯错后如何道歉的。这个活动让参与者明白道歉的态度，也让他们在练习中学习道歉的技巧。

"流言终结站"中体现出，很多信息在传递过程容易出现"衰减"甚至错误，经过的人越多，出错概率就会越大。让参与者学习如何去聆听和回应，做一名智慧和勇敢的"流言终结者"，是这个活动的目的。

"倾听大收集"是这个单元的综合实践活动，它的设计意图是让参与者根据之前学习的内容去练习倾听，在日常生活中总结和分享有效的倾听方式。

主题 1

友谊小船

活动目的

1. 明白友谊的维系需要双方共同努力。

2. 掌握维系和巩固友谊的方法。

准备工具与材料

1. 翻船危机（活动单 1，每组一张）。

2. 便利贴若干。

3. 翻船危机情景（活动单 2，每组一张）。

4. 翻船危机讨论表（活动单 3）。

5. 友谊小船（活动单 4）。

活动内容与流程

暖身活动：默契考验（5min）

📊 活动步骤

1. 带领者邀请两位参与者担任挑战者进行默契考验，其他成员观看。这一活动进行两轮。

2. 挑战者背对背站立，根据带领者描述的五个词汇，做出指定动作（不可说话），以两人的动作是否一致来考验二者的默契程度。

参考词汇：奥特曼、大猩猩、游泳、广播体操、企鹅、大象、太极拳、超人、猴子、蛇。

3. 分享与讨论。

A. 带领者向挑战者提问（挑战前提问，请挑战者用手势表达）：如果用一至五分给你们彼此的默契度评分，你会打多少分？

B. 带领者向观察者提问（挑战后提问）：刚才活动中有几个动作一致？

C. 带领者向全体参与者提问：和朋友保持非常高的默契程度容易吗？

▶ 引导要点

★ 我们都希望拥有默契的朋友，但是保持默契似乎不是一件容易的事情，维持友谊需要我们付出努力，我们今天就来看看需要怎样维系友谊，才能不让友谊小船说翻就翻。

🔍 技能 UP

★ 根据时间，可以灵活安排参与挑战的人数与组数。

主题活动 1：翻船危机（25min）

📊 活动步骤

1. 参与者分成八组，每组分发一张翻船危机活动单（活动单 1）和若干便利贴。

2. 各小组在翻船危机情景（活动单 2）中抽取一个情景进行讨论，并将讨论结果写在便条纸上。

A. 抽到"时光机"图形的组讨论：如果回到事情发生以前，小文和小星分别可以做些什么来避免"友谊翻船"？

B. 抽到"修理厂"图形的组讨论：如果事情已经发生，小文和小星分别可以做些什么弥补友谊小船的裂痕？

3. 各小组将写有讨论结果的便条贴在翻船危机讨论表（活动单3）上。

4. 参与者分享讨论结果，带领者进行引导、补充。

引导要点

★ 维系友谊不是一个人单方面的事情，需要双方的用心付出。守信用、真诚待人、彼此尊重和欣赏是维系友谊的重要基础。

★ 有一些行为会使我们的友谊陷入危机，而有一些行为则可以避免危机。在友谊危机发生前，我们应尽可能去避免；在友谊危机发生后，我们双方也可以积极做一些事情去弥补友谊。

技能 UP

★ 翻船危机讨论表可以替换为黑板板书。

★ 时间有限的情况下，可以对四个情景进行删减。

★ 对于明显可能会破坏友谊或不利于友谊维持的做法，可以在全体成员中进行讨论。

主题活动 2：友谊小船（10min）

活动步骤

1. 带领者给每位成员分发两张便利贴，一张写有利于维持友谊的态度、性格、行为，另一张写不利于维持友谊的态度、性格、行为。

2. 参与者将书写好的便条纸贴在"友谊小船"（活动单4）上。

3. 带领者请二至三组参与者展示，并请参与者分享有哪些积极回应的原则与技巧。

4. 带领者进行归纳总结。

🚩 引导要点

有一些态度、性格、行为，不利于维持友谊，要尽可能避免；有一些态度、性格、行为，有助于维持友谊，可以朝着这方面努力，共同去维系友谊。

🔍 技能 UP

★ 该活动可以利用信息技术，完成书写、投票和统计，那样可以迅速统计出大家公认的排在前几位的有利于和不利于友谊维持的态度、性格和行为。

★ 有一些可能属于中性的描述，例如依赖、内向、外向等，大家需要进行讨论和澄清，带领者可以将这些描述放在较为显眼的位置。

总结（5min）

1. 友谊的维系并不容易，需要双方共同的努力。

2. 相处过程中，要多做有利于维系友谊的事，少做使友谊小船翻船的事情。

3. 在友谊发生危机前，尽量做一些事去避免；在友谊发生危机后，可以主动做一些事去弥补。

活动单 1

 翻船危机

翻船危机之时光机

如果回到事情发生以前，要想避免友谊翻船：

时光机

小星可以这样做：
1.
2.
3.
......

小文可以这样做：
1.
2.
3.
......

翻船危机之修理厂

事已至此，要想修补友谊小船裂痕 / 要想把友谊小船翻回来：

小文可以这样做：
1.
2.
3.
……

小星可以这样做：
1.
2.
3.
……

活动单 2

翻船危机情景

【情景 1】

小文向小星借了一个 U 盘，小文承诺一星期内归还，但过了一个月小文也没有归还。

【情景2】

小文参加了学校运动会的一百米跨栏比赛，因在比赛中跌倒而被小星取笑，说他又矮又胖，不可能成功，还给他取了个绰号——死胖子。

【情景3】

小星的成绩不理想。课间，小星把心中的不快向小文倾诉。但小文一边听小星说话，一边玩魔方，有点心不在焉。

【情景4】

小文对小星说了一个秘密，小星回头就跟其他同学说了，第二天全班都知道了。

活动单 3

 翻船危机讨论表

情景	小文		小星	
	时光机	修理厂	时光机	修理厂
情景 1				
情景 2				
情景 3				
情景 4				

活动单 4

友谊小船

有利：

不利：

主题 2

听心的
声音

活动目的

1. 理解并练习倾听技巧。

2. 理解倾听的重点是听情感，而不仅是听事件。

准备工具与材料

1. 故事情景材料（活动单 1）。

2. 倾听行为（活动单 2）。

3. A4 纸（每人一张）。

活动内容与流程

暖身活动：雪花片片（5min）

📊 活动步骤

1. 带领者给参与者每人一张 A4 纸。

2. 带领者请全体参与者闭眼，听从带领者的口令进行折纸或撕纸活动，中途不允许提问，也不能相互观看或者交流。

3. 带领者口令结束后，参与者睁眼查看自己手上的纸和同伴的差异。

4. 提问讨论。

大家听到的是同样的信息，折出来是一样的吗？如果不一样，为什么会这样？这个游戏的难度大吗？难在哪里？

🚩 引导要点

★ 每个人即使听到的是一样的信息，也会有不同的理解。

★ 倾听看起来简单，其实很复杂，与很多因素有关，例如对信息的理解等。

★ 良好地倾听是一种有效沟通技巧，需要主动练习。

🔍 技能 UP

★ 带领者可以随机设计折纸口令，如"将纸对折，在右下角撕掉一个三角形，再对折，在左上角撕出一个扇形"。带领者不用追求参与者获取信息的准确性和一致性，本活动目标在于帮助参与者意识到，即使听到的信息完全一致，每个人也有自己不同的解读和行为。

★ 这个部分在时间允许的情况下可以进行两轮，第二轮的游戏规则改为可以提问。比较两轮的结果有什么不同，讨论为什么会产生这样不同的结果。

★ 如果条件允许，可以使用眼罩。

主题活动：会不会听（25min）

📊 活动步骤

1. 带领者请两位参与者表演指定故事情境（活动单1）。

2. 所有参与者分成四人小组讨论：

A. 在刚才的表演中哪些倾听行为是需要改善的？

B. 需要改善的原因是什么？

C. 可以怎样改善？

D. 在实际生活中，有效的倾听有哪些表现？

3. 各组整理讨论结果，将结果分类填写在倾听行为活动单中（活动单2）并汇报分享。

🚩 引导要点

★ 被他人认真倾听是能够起到疗愈的作用，不认真倾听或者听不到他人的内化感受可能会影响沟通的效果。

★ 倾听会有很多行为表现，包括态度、动作、表情和语言。

★ 倾听的重点是要听到事件背后的情感，而不仅仅是事件。

🔍 技能 UP

★ 带领者可在表演结束后追问被倾听人的感受，为讨论做铺垫。

拓展活动（8min）

📊 活动步骤

带领者请各小组讨论并进行表演：如果要改善刚才的情景中的倾听行为，应该怎样做？

总结（5min）

1. 用心倾听可以从态度、动作、表情、语言等多方面体现出来。

2. 倾听不仅仅是用耳朵听，更重要的是用心去感受。

3. 倾听的重点是要听到事件背后的情感，而不仅仅是事件本身。

活动单 1

 故事情景材料

小A：小B，我这次又考砸了。

小B（翻着自己的书，漫不经心）：嗯。

小A：我都够努力了，考试成绩却一次不如一次，眼看马上又要月考了，我怎么办呀？

小B（翻完书，伸了个懒腰，之后靠在椅背上）：我也考得不好，"凉拌"呗！

小A：小B，我这次回去不知道怎么给爸妈说，我都怕回家了，你觉得……

小B（打断）：诶，要不去吃点好吃的？吃啥好呢？

小A：我现在没有那个心情……

小B（双手抱臂）：哎呀，有什么嘛，不就是一次考试吗，你快点想吃啥好！

活动单 1

 倾听行为

	认真倾听的表现
态度	
动作	
表情	
语言	

主题 3

如何启齿

活动目的

1. 明白犯错后道歉是必须的，道歉需要勇气，需要诚挚的态度。

2. 了解不同的道歉方法，掌握道歉的技巧。

准备工具与材料

1. 大白纸（每组两张）。

2. 记号笔（每组两支）。

3. 讨论资料"谁做得好？"（活动单 1）。

4. "创意道歉"工作纸（活动单 2）。

活动内容与流程

暖身活动：雪花片片（5min）

活动步骤

带领者邀请参与者轮流说出一个生活中需要道歉的情境，每个人说出一至二个。

🚩 引导要点

★ 当别人需要向我们道歉而没有道歉或道歉不诚恳时，我们不用纠结于对方的道歉，他可能有他的理由和局限，与其纠结，不如让自己放下。

★ 我们已经明白不道歉会让人难受，所以当我们的失误影响到其他人时，我们就需要道歉，这是一种与他人和谐相处的方式。

🔍 技能 UP

★ 根据时间和人数，带领者可以灵活安排每个人说出情境的次数。

★ 带领者可以根据情况邀请参与者说出需要自己道歉的情境，如果带领者有把握，也可以讨论别人需要道歉的情形。

★ 当有参与者抱怨对方不道歉或道歉不诚恳时，带领者需要追问其感受，并引导下一个主题——不道歉会引发人际问题。

主题活动：创意道歉（30min）

📊 活动步骤

1. 带领者将参与者每四人分为一个小组。

2. 带领者先请两位参与者表演情境一（活动单1），再请另外两位参与者表演情境二（活动单1）。

3. 参与者表演完毕后，带领者带领全部参与者讨论：两个情境有什么区别？

4. 带领者可以启发参与者从说话态度、面部表情和事后跟进等方面找出不同的地方，把参与者的意见写在大白纸上。

5. 参与者分小组抽取"创意道歉"工作纸（活动单2），每组针对抽到的事件设计新颖的道歉方法，如果有需要，可以设计补偿行动。

6. 设计完毕后，带领者可以请个别组派代表报告。报告时，参与者可以亲自演绎他们的方法。

引导要点

★ 道歉时，不一定是刻板地说一声"对不起"，我们可以用不同的话语或者形式去表达歉意。

★ 道歉的时候，真诚的态度最为重要，如果缺少诚意，道歉的效果会大打折扣。

★ 道歉的时候，建议语言和动作并用。必要的时候，应该为自己的错误做出适当的补偿。

★ 补偿不一定是物质的，可以是一个行动，或为对方做一些事情，目的是让对方明白你有诚意道歉和改正错误。一个真诚的微笑、一份善意的祝福，都可以成为表达歉意的方式。

技能 UP

★ "创意道歉"工作纸也可以替换为黑板板书。

★ 时间有限的情况下，带领者可以在四个情景中进行删减。

★ 如果有时间，带领者可以请另外两位参与者表演改进后的情景。

★ 利用大家的分享，参与者进一步体验没有道歉时对方的感受，从而强调道歉的重要性。

★ 带领者及时赞赏参与者具有创意的道歉方法及补偿行动。

总结（5min）

1. 道歉是必须的，它不仅需要勇气，更要有真诚的态度。

2. 道歉时，不一定是刻板地说一声"对不起"，我们还可以用不同的形式或者话语去表达歉意。必要的时候，可以为自己的错误做出适当的补偿。

3. 补偿不一定是物质的，也可以为对方做一些事情。

活动单 1

讨论资料"谁做得好？"

情境一：

临近考试，小青到小英家一起复习功课。离开的时候，小青因为急于回家吃晚饭，不小心打破了小英心爱的水晶音乐盒。小青只是很简单地向小英道歉，并笑着说要急着回家，然后便走了。

表演提示：

扮演小青的同学应尽量用动作、语言和面部表情去突显小青简单的行为和没有诚意的道歉，以及认为打破了别人的东西不是一件大事的态度。

扮演小英的同学应用动作、语言和面部表情表示自己的不开心和心痛，并对小青的态度感到不满和愤怒。

情境二：

小倩借小明的手机用了一天，不小心在街上把手机丢了。于是她立刻向小明道歉，希望小明原谅她。同时，她还写了一张道歉卡给小明，并告诉小明等她有了足够的零用钱，便立刻买一个新的手机给他作补偿。

表演提示：

扮演小倩的同学应尽量用动作、语言和面部表情去突显她的歉意和诚恳的态度。

扮演小明的同学也应该用动作、语言和面部表情表达他对小倩的原谅。

活动单 2

为以下事件设计新颖的道歉方法，有需要的话，请设计补偿行动。

事件一：冤枉同学了。

> 创意道歉：
>
>
>
> 补偿行动：

事件二：向爸爸妈妈乱发脾气。

> 创意道歉：
>
>
>
> 补偿行动：

事件三：没有得到同学的同意，便拿同学的手机玩。

创意道歉：

补偿行动：

事件四：美术课时不小心弄脏了别人的衣服。

创意道歉：

补偿行动：

事件五：集体活动迟到。

创意道歉：

补偿行动：

主题 4

流言
终结站

活动目的

1. 体会在人际交往中流言的产生和传播过程，了解流言带来的负面影响。

2. 学会理性辨别流言。

3. 用智慧阻断流言的产生和传播。

准备工具与材料

1. 题卡。

2. 活动单 1（每组一份）。

3. 便笺纸（每组一份）。

4. 活动单 2（请参与者按故事卡内容提前排练）。

5. 流言终结 ING（活动单 3，每组一张）。

6. 大白纸（每组一张）。

活动内容与流程

暖身活动：我听说 ......（5min）

活动步骤

1. 带领者呈现以下问题，参与者回答是真是假。

A. 食物相克会造成不适，甚至死亡。

B. 不吃晚饭能健康减肥。

C. 隔夜菜会产生大量的亚硝酸盐。

D. 常温牛奶营养价值低。

E. 草莓有乙草胺残留，吃了会致癌。

F. 白皮鸡蛋更有营养。

G. 木耳、猪血等是清肺食物。

H. 手机辐射会烫伤皮肤。

2. 带领者提问：你是如何辨别真假的？

引导要点

★ 在网络、朋友圈、微博、微信中广为流传的生活经验，可能是以讹传讹的流言。人们对问题的真假判断容易道听途说的，并没有更多地思考和求证。

★ 生活中不可避免会存在流言。

技能 UP

★ 以上问题全部选自 2014—2019 年北京地区网站联合辟谣平台上共同发布的"十大'科学'流言榜"。

★ 带领者可以自行选择流言的内容，但最好是较新的流言，如关于新冠肺炎疫情的流言。

主题活动 1：流言进行时（15min）

活动步骤

1. 带领者将参与者分组，每组八至十人，要求每组站成一个竖排。给每个小组的第一位参与者分发活动单1，并请他在指定时间内记住故事内容。

2. 第一位参与者将活动单1上的内容转述给排在他身后的第二位参与者，并且各组参与者只能说一次，依次往后传达，传递完故事的人安静等待，小组最后一人将接收到的故事内容写在大白纸上交给带领者，带领者将各组的纸展示在黑板上。

3. 带领者呈现原活动单1中的内容，小组自行核对。

4. 讨论。

A. 每组最后呈现的内容与活动单1上的内容有没有差异？

B. 这个差异是怎么发生的？

🚩 引导要点

★ 每个人对故事的理解、记忆、关注点都可能不同，所以，最后一位参与者听到的故事，很有可能已经经过了有意无意的"创作"和"改编"。

★ 流言的产生，亦是如此。流言有最初制造者对于事件的加工，也有着中间传播者对信息的"改编"。

★ 听到的信息，不一定是真的，需要理性辨别。

🔍 技能 UP

★ 活动单1中的故事经过口耳相传后，发生变化的原因可能是：第一位参与者没有记全故事，所以本身传递出来的信息就不完整；中间的参与者没听清，于是根据自己的理解来进行补充；中间的参与者觉得很好玩，无意中进行了发挥和想象；中间的参与者听错了……带领者可以将参与者分享的各种原因及时记录在黑板上。

主题活动 2：流言终结者（17min）

📊 活动步骤

1. 带领者邀请参与者表演活动单2中的真实故事。

2. 带领者采访表演者"小丽""小强""小飞"以及观看表演的参与者的感受，

总结流言对每一个人、对班级的负面影响。

3. 带领者给每个小组分发活动单 3，邀请每个小组选择至少两个时机，讨论终结流言的方法，并根据活动单上的内容进行讨论、练习。

4. 每个小组分享终结流言的时机和方法，可以通过表演的方式进行呈现。

▶ 引导要点

★ 流言会给当事人、传播者、班级带来负面的影响。

★ 及时地阻断流言的产生和发展，做一名流言的终结者。

★ 终结流言的时机始终存在。

★ 被传流言的人，可以选择不理会，保持冷静，然后寻求支持，并进行适当的澄清，更好地规范自身的行为。

★ 误传流言的人，可以勇敢地承认错误，同时尊重事实，必要时进行澄清。

★ 周围的人，应做理性辨识，不盲目跟风和从众。

◯ 技能 UP

★ 当采访"小丽""小强""小飞"各自的感受时，带领者及时记录他们的想法：对于小飞来说，可能是青春期在作怪，也可能是日常生活中无法引起同学们的关注，也可能是喜欢开玩笑，没想到事情会发展到自己不能控制的局面。对于小丽、小强来说，可能会很生气、很委屈。

★ 流言的不良影响：被传流言的同学，可能会产生很大的心理压力，学习、生活都有可能因此而受影响；对于传流言的同学来说，他们可能会留给别的同学不好的印象，影响人际信任；对于班级来说，流言会造成班级风气不良、没有学习的氛围，影响整个班级的凝聚力。

★ 讨论和分享，都可以用表演的方式进行。

★ 参与者分享时，带领者要及时记录参与者的方法，并整理为以下三方面：一是小丽或小强（被传流言的同学）终结流言的方法，如保持冷静，寻找合适的人进行适当澄清，规范自身，巧妙应对等；二是小飞（传流言的同学）终结流言的方法，如勇敢承认错误，适当澄清，重塑形象；三是其他同学终结流言的方式，如勇敢制止，不盲目跟风等。

总结（3min）

1. 遇到流言，需要理性辨别、智慧应对。

2. 终结流言的时机，一直都有，随时开始都不会迟。

3. 少一些流言的制造者、传播者；多一些流言的制止者、终结者。

活动单 1

小丽和小强是很要好的朋友，他们小学就是同班同学，加上两个人都是班委，经常在一起讨论问题。有一天，班主任把他俩喊到办公室，生气地说："……怎么能这样！"正好，本班的同学小飞走进办公室，听到了这句话。

活动单 2

小丽和小强是很要好的朋友，他们小学就是同班同学，加上两个人都是班委，经常在一起讨论问题。

有一天，班主任把他俩喊到办公室，希望他们能够提前准备一下主题班会的事情。当班主任了解了近期班上出现的一些不良风气之后，生气地说："马上要期末考试了，还谈恋爱，怎么能这样！"正好，本班的同学小飞走进了办公室，听到了这句话，赶紧跑了出来，像是知道了惊天秘密一样，兴奋地跑到班上说："你们看，我早就说了，他俩肯定有事儿吧，这下真的被老师抓到了。"

原来，班里同学看见小丽和小强经常在一起，心里早已有了各种猜测和想象，但是看到他们平时除了经常在一起讨论问题之外没有其他异常举动，也就不敢过于张狂，毕竟他俩一个是班长一个是副班长，而且他们的人际关系也处理得很好，同学们都比较认可他们。

但是听到小飞这么一说，大家像炸开了锅，一下子围到小飞周围问长问短。而小飞，被这么多同学包围着，开始滔滔不绝地描述起他眼里的"故事"。

小丽和小强回到班里时，班里一阵起哄，他们完全不知道发生了什么事情，只觉得莫名其妙。听说了这个"故事"之后，他们感到既气愤又委屈，而且，原本是很要好的朋友，现在，见了面都觉得特别尴尬。

这个传闻，转眼间成了班级的大新闻，课间大家有事没事就会聚在一起讨论，课堂上，无论老师喊起小丽还是小强的名字，大家都会跟着起哄，连其他班的同学也都在乐此不疲地打探。不论是课上还是课下，班里经常乱哄哄的。

班主任很快也听到了这个传闻，很是惊讶，再次把两人叫到了办公室……

活动单 3

流言终结 ING

终结流言，有很多的时机，请各小组选择其中的两个时机，思考终结流言的办法，并写下来。

时机一	小丽和小强是很要好的朋友，他们小学就是同班同学，加上两个人都是班委，经常在一起讨论问题。	如果我是 ＿＿＿，我可以 ＿＿＿＿＿＿＿＿＿＿。
时机二	有一天，班主任把他俩喊到办公室，希望他们能够提前准备一下主题班会的事情。当班主任了解了近期班上出现的一些不良风气之后，生气地说："马上要期末考试了，还谈恋爱，怎么能这样！"正好，本班的同学小飞走进了办公室，听到了这句话，赶紧跑了出来，像是知道了惊天秘密一样，兴奋地跑到班上说："你们看，我早就说了，他俩肯定有事吧，这下真的被老师抓到了。"	如果我是 ＿＿＿，我可以 ＿＿＿＿＿＿＿＿＿＿。
时机三	原来，班里同学看见小丽和小强经常在一起，心里早已有了各种猜测和想象，但是看到他们平时除了经常在一起讨论问题之外没有其他异常举动，也就不敢过于张狂，毕竟他俩一个是班长一个是副班长，而且他们的人际关系也处理得很好，同学们都比较认可他们。 但是当听到小飞这么一说，大家像炸开了锅，一下子围到小飞周围问长问短。而小飞，被这么多同学包围着，开始滔滔不绝地描述起他眼里的"故事"。	如果我是 ＿＿＿，我可以 ＿＿＿＿＿＿＿＿＿＿。

时机四	小丽和小强回到班里时，班里一阵起哄，他们完全不知道发生了什么事情，只觉得莫名其妙。听说了这个"故事"之后，他们感到既气愤又委屈，而且，原本是很要好的朋友，现在，见了面都觉得特别尴尬。	如果我是 ＿＿＿，我可以 ＿＿＿＿＿＿＿＿＿。
时机五	这个传闻，转眼间成了班级的大新闻，课间大家有事没事就会聚在一起讨论，课堂上，无论老师喊起小丽还是小强的名字，大家都会跟着起哄，连其他班的同学也都在乐此不疲地打探。不论是课上还是课下，班里经常乱哄哄的。	如果我是 ＿＿＿，我可以 ＿＿＿＿＿＿＿＿＿。
时机六	班主任很快也听到了这个传闻，很是惊讶，再次把两人叫到了办公室……	如果我是 ＿＿＿，我可以 ＿＿＿＿＿＿＿＿＿。

综合实践

倾听
大收集

活动目的

1. 意识到每个人都希望能被他人倾听和理解。

2. 收集和总结生活中认真倾听的表现，相互借鉴学习。

准备工具与材料

"听者为王"卡（活动单，每人一张）

活动内容与流程

活动启动与要求

1. 带领者回顾本单元课程"听心的声音"中的倾听行为活动单，给参与者发放"听者为王"卡（活动单）。

2. 带领者讲解活动单如何填写。

A. 根据之前学习的总结，通过观察身边的人来收集认真倾听的表现。

B. 收集到相应的表现，梳理其对应的类别（四种类别：态度、动作、表情、语言），如：某人身体努力前倾地在倾听他人，可以在"动作"的空白处记录具体内容。

C. 填写时不要求面面俱到，发现哪些就填哪些。

3. 在一周内，参与者在校内或者校外的生活中收集他人认真倾听的具体表现。

实践过程

参与者认真收集倾听行为，并按要求填写在说者为王卡上。

收获与分享

1. 规定时间结束后，带领者组织分享和讨论。

A. 在收集倾听行为的过程中你有什么感受和发现？

B. 你喜欢哪些倾听方式？

C. 哪些倾听方式是你以后准备应用的？

2. 带领者将参与者分为四个小组，四个小组分别对应四种认真倾听的表现，在倾听完班内的分享后，每个小组负责整理并制作班级的"听者为王"卡，可在教室内展示。

🚩 引导要点

A. 认真倾听的形式多种多样，我们可以互相学习借鉴。

B. 收集认真倾听行为的过程，也是我们自己学习倾听的时刻。

🔍 技能 UP

带领者可以提前完成一个"听者为王"卡，把填写方法示范给参与者。

总结

1. 每个人都希望能被他人倾听和理解。

2. 我们可以互相借鉴学习生活中认真倾听的方式。

活动单

听者为王卡

单元反思

成长反思

事实（Facts）：

感受（Feelings）：

发现（Findings）：

未来（Future）：

成长加油站

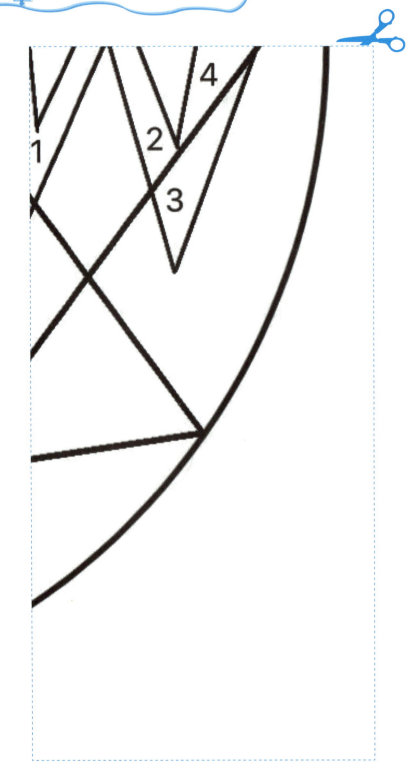

心理弹性
（下）

XINLI TANXING

心理弹性作为个体心理健康的重要标志，强调个体在逆境中发展出的一种积极心理品质。这是一种重要的"心理免疫能力"，一种即使在困境中也能保持心理健康的能力。心理弹性是当前积极心理学研究的热点，是生命教育中重要的一环。青少年心理弹性的培养对于其个体人格的健康发展具有至关重要的作用。

为了更好地帮助青少年成长，我们编写了心理弹性上下两个单元。透过培育青少年的效能感、乐观感及归属感，提升他们在逆境中不退缩、不挫败，迎难而上的积极心理品质。

本单元共有三个主题活动和一个综合实践活动。

"合理归因"让参与者了解归因理论，学习多角度归因。

"与压力做朋友"帮助参与者认识到生活中有压力是常态，适度压力能变成动力，知道压力偏高时缓释压力的办法，在不伤害自己、他人和不损坏物品的原则下选择适合自己的解压方法。

"书包的独白"让参与者了解校园欺凌现象，认识到"校园欺凌没有赢家"，并学习合理应对校园欺凌。

"压力大揭秘"是一次综合实践活动，参与者将通过调查收集周围人群的压力状况，了解到每个人都会感受到压力，也有自己的缓解方式，从而可以更好地理解和应对压力。

本单元活动中，带领者不仅要熟悉心理弹性的概念及活动流程，还要不断反思，将经验转化为个人特质，提升自身的心理弹性，以便让自己成为参与者的生命榜样，有效地协助其成长。在活动中，带领者要努力激发参与者积极进取的心态，相信其有积极向上的潜力，有勇气面对自身的不足，增强参与者的心理弹性。

活动目的

1. 了解归因理论。
2. 学习多角度归因。

准备工具与材料

1. 案例（活动单 1）。
2. 自我归因魔方卡片（活动单 2）。
3. 针、线 若干（每两人针、线各一根）。

活动内容与流程

暖身活动：穿针引线（5min）

活动步骤

1. 带领者根据现场人数将参与者随机分为几个大组，每组派两位成员参加。
2. 每组的两位成员，一位拿针，一位拿线，在五秒钟内将线穿过针孔。
3. 其他参与者监督，数"5、4、3、2、1、停"来计时。要求：计时开始前两人都必须将手放下，计时结束拿针的同学必须立即放手。

4. 讨论与分享。

★ 穿针游戏成功或者失败的原因。

★ 如果再给一次机会，你们会怎么做？

🚩 引导要点

★ 从刚刚的活动中我们不难看出，我们对行为原因的推论可能是有差异的。人们对他人或自己行为原因的推论过程就是归因，具体地说，就是对学习、工作和生活中的成败原因作出判断。

★ 美国心理学家伯纳德·韦纳（Bernard Weiner）认为，归因包括三个维度六个因素，其中三个维度是指因素来源、稳定性、可控性；六个因素包括能力、努力程度、任务难度、运气、身心状况和外界环境。如图所示：

维度 / 因素	因素来源		稳定性		可控性	
	内部	外部	稳定	不稳定	可控	不可控
能力	√		√			√
努力程度	√			√	√	
任务难度		√	√			√
运气		√		√		√
身心状况	√			√		√
外界环境		√		√		√

技能 UP

★ 参与活动和未参与活动的参与者都可以分享活动感想。

★ 在正式比赛前，可让参与者练习一下，充分准备。

★ 参与者使用针线时，带领者注意提醒他们注意安全。也可用其他方式进行提醒。

主题活动 1：帮他支支招 (15min)

活动步骤

1. 带领者呈现案例（活动单 1）。

2. 分组讨论。

A. 面对不理想的期末考试成绩，小 A 是怎么想的？她的归因方式是以下哪一种？

原因	可控	不可控
内部	努力	能力、身心状态
外部	他人影响	难度、运气

B. 你认可小 A 的想法吗？有哪些方面不认可？

C. 哪些是小 A 自己的原因，哪些不是？

D. 哪些可以改变，哪些不能改变？不能改变的应该怎么应对？

3. 小组汇报讨论结果。

引导要点

★ 小 A 可能会这样想：现在的我不如之前的我优秀了；我每天这么努力，成绩没有达到理想目标是因为自己太笨了或者是自己还不够努力；没考好可能是参加其他活动浪费了我的学习时间；成绩已经这样了，我没有办法了……

★ 将成功（积极事件）归为努力和能力（内因），把失败归为难度、运气（外因）、暂时的困难等，更容易形成乐观的解释风格。而把失败归因于内因、稳定的因素，把成功归为外部的、不可控的因素，会渐渐形成悲观的解释风格。

★ 主动控制"可控因素"，积极应对"不可控因素"，是乐观主动的处事态度。

★ 当我们将失败归因于内部的、不稳定或者是可控的因素时，我们会付出更多努力；如果归因于外部的、稳定或者是不可控的因素时，就要考虑如何接受现实，并在现实基础上做出一些改变。

技能 UP

★ 可结合活动单1的案例帮助参与者更好地理解归因的六个因素和三个维度。

主题活动 2：自我归因——魔方卡片 (15min)

活动步骤

1. 带领者出示"自我归因——魔方卡片"（活动单2）。

2. 参与者以小组为单位，每人在魔方第一排格子里写下一件自己想要挖掘原因（可在小组内分享）的事情。

3. 接着在第二排四个格子里，写下你认为可能对事件产生影响的四个原因和四个应对方法。

4. 将卡片轮流传递，小组其他成员依次帮你分析原因、提出解决对策并写在第三排格子里。如果看到相同原因，可以补充方法；有不同原因，就在框里填写原因。

5. 将魔方卡片折起来，形成一个立体的魔方。

6. 分组讨论。

A. 哪些内容是你没有想到的？

B. 哪些内容是你可以借鉴的？

C. 这个活动对你的启发是什么？

7. 小组汇报讨论结果。

▶ 引导要点

★ 我们看待事情就像看这个魔方一样，看到它的正面就看不到它的反面。我们看事情常常受到角度的局限。

★ 我们要变换角度全面地看待问题，或是展开分解，从归因理论的六个因素和三个维度去思考。

🔍 技能 UP

★ 小组内讨论的事件可以是让人困惑的事件，也可以是成功的事件。

★ 参与者将事件写在魔方卡片的第一排格子里，原因和方法写在第二排的四个格子里，如果写不满，可以允许空格。其他成员分析的原因和方法写在最后一排的格子里，如第二排格子未写满，其他成员也可直接从后面写起，如内容太多，也可写在格子背面。

总结 (5min)

1. 不同的归因方式会产生不同的结果。

2. 合理的归因可以让我们在总结经验的过程中更有方向性，做到事半功倍。

3. 我们要变换角度全面地看待问题，或是展开分解，从归因理论的六个因素和三个维度去思考。

4. 主动控制"可控因素"，积极应对"不可控因素"，是乐观主动的处事态度。

活动单 1

案例

小 A 是一名八年级的学生。七年级时她的成绩在班级名列前茅，上了八年级后，学习科目增加，学业压力增大，她的成绩开始下降，处于班级中等水平，为此她感到压力很大。之后，她更加用功地学习，很少参加文体活动。在八年级上学期的期末考试中，她没有考到自己的理想分数，令自己头疼的物理因为试题难度较大，没考及格。小 A 为此非常沮丧、自卑，晚上甚至开始失眠，认为自己太笨，学不好。

活动单 2

事件：

原因：

方法：

原因：

方法：

原因：

方法：

原因：

方法：

原因：

方法：

斜线部分涂
上胶水或用
胶纸贴上。

主题2

与压力
做朋友

活动目的

1. 认识到生活中有压力是常态，适度的压力能变成动力。

2. 知道缓释压力的办法，在不伤害自己、他人和不损坏物品的原则下选择适合自己的解压方法。

准备工具与材料

1. 已充气排球、未充气排球（其他充气球类均可）。

2. 棋盘（活动单1）。

3. 自制骰子游戏卡（活动单2，也可用常规骰子代替）。

4. 棋子（不同颜色、不同形状的胶片）若干。

活动内容与流程

暖身活动：我有压力 (5min)

活动步骤

1. 带领者展示充气排球并邀请参与者拍打。

2. 带领者展示未充气的排球并邀请参与者拍打。

3. 讨论与分享。

A. 球为什么能够被拍动？如果充入过多的空气，球会怎么样？如果球泄了气或充气不够时，又会怎样？

B. 你认为球应充气到什么状态最好？

引导要点

★ 我们做任何事都可能面对一定的压力。压力太小，会让自己做事没有动力；压力太大，容易让自己受不了。适度的压力能够使我们产生良好的动力，如果能够适当地利用它，会更有助于应对问题或任务。

技能 UP

★ 带领者可以把这个例子引申到参与者在日常生活中遭遇压力的应对情况。

主题活动：压力跳棋 (30min)

活动步骤

1. 带领者将棋盘投影在黑板上，并将全体成员每列分成一组，一起参与跳棋游戏，每组用不同棋子作代表。

2. 带领者讲解游戏规则：每个小组，拿不同颜色的棋子，按顺序轮流掷骰子。从起点出发，掷到几就相应地前进几格，当参与者掷到小鸟图案时，便要说出棋盘上没有的解压方法，如说得合理即可前进六步，否则不动。先到达终点者获胜。

3. 带领者简单介绍棋盘内容。

4. 分组讨论（四人小组）。

A. 在游戏过程中搜集到的解压方法有哪些？还有哪些没有说到的好的解压方法？

B. 为什么有的地方会让人停下来、接受惩罚甚至返回起点？怎么理解"返回起点"？

  C. 不合理的解压方法会给我们带来怎样的结果？

  D. 在解压过程中，我们应注意什么？

  5. 小组汇报讨论结果。

🚩 **引导要点**

  ★ 以正面的态度面对压力，就能使它成为我们的动力而不是一种障碍。

  ★ 解压的时候不伤害自己、不伤害别人、不损坏物品。

🔍 **技能 UP**

  ★ 参与者根据棋盘指示做相应动作，如棋盘上的"5"写着"先睡一觉"，参与者可伏在桌上，假装睡觉。

  ★ 参与者根据掷的点数进行游戏，带领者须作适当的讲解。

  ★ 在游戏过程中，带领者引导参与者接纳掷点数不满意的情况，轻松愉悦地参与活动。

总结 (5min)

  1. 我们做任何事都可能面对一定的压力，适度的压力才能转变为动力。

  2. 学会转"压"为"力"，采用积极正面的方法去解压。

  3. 处理压力三原则：不伤害自己、不伤害别人、不损坏物品。

活动单 1

棋盘

起点	1 欣赏美丽风景，心旷神怡。	2 阅读笑话或小说，转移注意力。	3 做运动也是一个好方法！	4 在空旷处大叫！（不可骚扰到其他人）
5 先睡一觉。	6 寻找专业支持，疏导情绪。（如预约心理医生）	7 没有乐观的思维，终日闷闷不乐。全组扮鬼脸一次。	8 打安全可靠的热线电话倾诉一下！	9 不适当地处理压力，影响他人及伤害自己，需要送医院，回到起点。
10 钻"牛角尖"，罚停一次。	11 开心地吃一顿，放松心情。	12 暂时冷静一下！	13 与人分享，多听别人的意见。	14 适当处理压力，移至20格。
15 默数十下！（全组一起默数）	16 听轻音乐，舒缓压力。	17 善用妙法减轻压力，飞到22格。	18 不适当地处理压力，破坏物品，返回起点。	19 停一停，想一想，总会有办法。
20 欣赏喜剧片。哈哈哈……	21 看电视，轻松一下！	22 喝杯冰水，让自己冷静一下！	23 转"压"为"力"，心情开朗。	终点

规则：开始时，大家从起点出发，直到有一组成员到达"终点"便停止游戏，然后进入分享环节。

活动单 2

自制骰子游戏卡

注意事项：

　　骰子上有小鸟图案，当参与者掷到小鸟图案时，便要说出棋盘上没有的解压方法，如说得合理即可前进六步，否则不动。

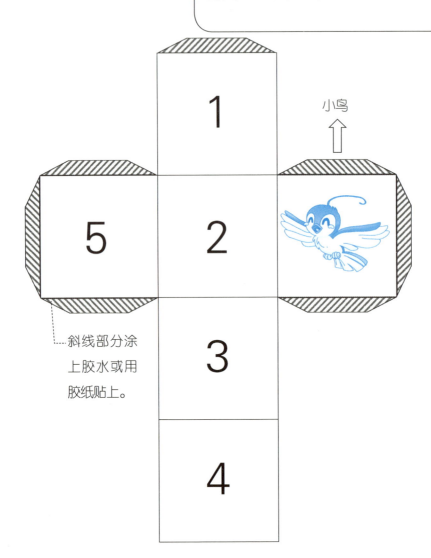

小鸟

1

5　　2

斜线部分涂上胶水或用胶纸贴上。

3

4

主题 3

书包的独白

活动目的

1. 了解校园欺凌现象，认识到"校园欺凌没有赢家"。

2. 学习合理应对校园欺凌。

准备工具与材料

1. 书包的独白（活动单1）。

2. 欺凌的影响（活动单2）。

3. 大白纸、彩笔。

活动内容与流程

暖身活动：我说你做 (5min)

📊 活动步骤

1. 参与者与就近同伴两两结成一组，两人面对面站立。

2. 带领者发出口令，参与者按照要求说话或行动。

A. 彼此微笑；B. 彼此露出凶相；

C. 彼此握手；D. 彼此举起拳头；

E. 向对方彼此说声"你是个非常棒的男生 / 女生"；F. 彼此说声"你是个很讨厌的男生 / 女生"。

3. 讨论与分享。

A. 对前后不同的表情、动作和语言，感觉怎么样？

B. 用不同的方式对待别人以及被别人以不同方式对待时的感受怎么样？

C. 你所理解的校园欺凌是什么？身边有没有类似的现象？

🚩 引导要点

★ 校园欺凌：指发生在校园内外、学生之间，同学间一方（个体或群体）单次或多次蓄意或恶意通过肢体、语言及网络等手段实施对另一方（个体或群体）的欺负、侮辱，造成另一方身体伤害、财产损失或精神损害等的行为。

★ 校园欺凌的表现形式包括以下几种。

身体欺凌：推撞、拳打脚踢以及抢夺财物等，是容易让人察觉的欺凌形式。

言语欺凌：当众嘲笑、辱骂以及取侮辱性绰号等，是不容易让人察觉的欺凌形式。

社交欺凌（关系欺凌）：孤立、抵制以及令其身边没有朋友等，是不容易让人察觉的欺凌形式。

网络欺凌：通过网络发表对受害者不利的言论、曝光隐私以及对受害者的照片进行"恶搞"等，是容易让人察觉的欺凌形式。

★ 校园欺凌有三个要素：恃强凌弱，双方在力量上存在差异；有重复性；造成伤害后果。

🔍 技能 UP

★ 参与者可能对于校园欺凌的界定了解得不是很全面，带领者可以根据讨论情况出示一些图片或者案例来帮助其理解。

★ 性欺凌和"同意的"欺凌是两种特别形式的欺凌，均涉及上述四种类型。性欺凌的范围包括言论、性姿态、不恰当的触摸，以及对身体的过分关注，乃至性侵犯。

"同意的"欺凌，仿佛是被欺凌者"同意的"，但实际上被欺凌者由于担心被排斥或者被进一步侮辱，或是担心被从某些组织除名，往往在面对欺凌时采取逆来顺受的态度而"被迫同意"。

主题活动 1：书包的独白 (15min)

📊 活动步骤

1. 带领者参考"书包的独白"（活动单 1），简单介绍欺凌事件中不同的角色，邀请参与者读出不同角色的内心独白。

2. 带领者请参与者思考自己曾扮演过哪几种角色? 仅思考，不分享。

3. 四人一组根据活动单 2 讨论"欺凌的影响"，并写下关键信息。

4. 小组汇报讨论结果。

🚩 引导要点

★ 校园欺凌对所有参与者都会带来影响。

对"被欺凌者"：构成心理问题，影响身心健康，甚至影响人格发展。心理影响包括恐惧、焦虑、抑郁，甚至有可能出现自残、自伤等情况。

对"欺凌者"：长期欺负别人，以自我为中心，行为方式偏激，攻击性行为较多，对他人缺乏同情心，人际关系也会受到影响，严重者有可能在后期发展成人格障碍。

对"旁观者"：会因为不能帮助被欺凌者而感到内疚、不安，甚至恐慌。

对"协助者"：缺少辨别是非的能力和对他人的同情心。可能因一直处于"被动欺凌"的状态，不能帮助被欺凌者，甚至还因加害被欺凌者而感到内疚懊悔；也有可能逐步发展为"主动欺凌者"。

★ 即使在同一欺凌事件中，一些当事人的身份也是会转换的。协助者可能变成旁观者，旁观者也可能变成协助者等。

技能 UP

★ "校园欺凌"对某一些参与者来说是比较敏感的话题，尤其对于有过"被欺凌"经历的参与者来说，这个话题可能会引发其不良感受。带领者要注意观察参与者的情绪，必要时在活动后进行单独面谈与辅导。

主题活动 2：我有我应对 (15min)

活动步骤

1. 将全体参与者分为四个大组，每组分配一种角色，讨论该角色应该如何应对校园欺凌。

2. 每个大组中就近四人一起讨论，并将讨论结果写在大白纸上。

3. 小组汇报讨论结果。

引导要点

★ 我们要学习不同的应对校园欺凌的方式，远离校园欺凌。

"被欺凌者"：及时与成人沟通、报告，主动寻求帮助；提升自己解决问题的能力及与人相处的能力；学习保护自己及拒绝别人无理要求的方法；对易遭侵害的地点提高警觉性，避免在偏远或幽静的地方逗留；如有需要，可寻求专业心理援助。

"欺凌者"：加强相关的法律法规及生理、心理知识的学习；积极参与有意义的活动，转移自己的注意力；建立与其他同学的良性互动关系；采取合理的释压方式，提升内心的愉悦感受。

"旁观者"：选择站出来发出正义的声音，但要学会辨别，如果情况严重，及时寻找成人的帮忙。

"协助者"：不参与、不附和；懂得辨别朋友，交能帮助自己成长的朋友。

技能 UP

★ 校园欺凌的话题需要充分地讨论，可以根据实际情况就个别问题进行更多时间的讨论。

总结（5min）

1. "校园欺凌没有赢家。"无论对"欺凌者""被欺凌者"，还是"协助者"，甚至"旁观者"，都会产生负面影响，这种影响有时候甚至会持续一生。

2. 如有欺凌现象发生，应智慧而勇敢地面对，寻求阻止欺凌的方法。

3. 让我们承诺：尊重他人，尊重生命，拒绝校园欺凌！

活动单 1

书包的独白

欺凌者（书包小强的独白）：

我是书包小强。我的主人今天心情很不好，因为他的爸爸醉酒之后又对他拳打脚踢。自从他成了我的主人，我就经常可以看到这个场景。从他和同学的对话中我了解到，他的妈妈因为爸爸醉酒，最终无法忍受而离开了，只留下我的主人单独承受这一切。我知道他每天都生活得很不开心，感到没有意义。为了发泄心中的不满，他开始将爸爸加诸到他身上的打骂"复制"到同学身上。这不，今天他又叫上几个人，打了小辉的主人……

被欺凌者（书包小辉的独白）：

我是书包小辉。今天我又受伤了，我的主人伤得比我还重，身上都是淤青，胳膊还流血了。有几个男生总是欺负我们，我真心疼我的主人。自从父母离异后，我的主人变得不爱说话，但他心里渴望有一位好朋友，渴望有人陪伴。他怕别人不高兴，也怕没有同伴，所以遇到合理或者不合理的请求都不敢拒绝，可他这样反而总被别人欺负。很多个晚上我都看见他在哭泣，并且越来越害怕去学校……

旁观者（书包小星的独白）：

我是书包小星。我今天跟主人一起放学回家，又看到小强的主人在打小辉的主人了。小辉被扔在了一边，一直在哭，小辉的主人蹲在角落一脸麻木，没有表情。每当看到这种场景，主人都握紧拳头，我知道他很想帮助小辉的主人，可是又害怕被打。他也不敢告诉老师，因为怕被小强的主人知道后报复他……

协助者（书包小阳的独白）：

我是书包小阳。我以前很喜欢我的主人，他热心、善良，但是现在我有点讨厌他了，因为他不但跟小强的主人成了朋友，还跟小强的主人一起欺负小辉的主人。虽然他经常很内疚，不希望这么做，但是他没有胆量反抗小强的主人，每天都生活在矛盾中……

活动单 2

欺凌的影响

角色	欺凌者
情绪	
表现	
影响	

角色	被欺凌者
情绪	
表现	
影响	

角色	旁观者
情绪	
表现	
影响	

角色	协助者
情绪	
表现	
影响	

综合实践

压力大揭秘

活动目的

1. 调查了解他人面对的压力及其应对方式。

2. 学习应对压力的方式，并尝试运用其缓解压力，增强心理弹性。

准备工具与材料

压力调查记录表（活动单，每人一张）。

活动内容与流程

活动启动与要求

1. 带领者介绍活动要求：不同的群体都可能有自己的压力以及应对压力的方式，请参与者根据压力调查记录表在一周内完成调查任务。

2. 调查群体可以是父母、老师、同学、朋友、亲戚或其类职业人等。

技能 UP

★带领者和参与者可以增加群体类别，也可以细化，如"我的同学"中，可以

以性别划分，可以以学生干部和非学生干部划分，也可以将其细化为独生子女和非独生子女等。

实践过程

1. 每个小组确定调查某个群体，每名参与者确定群体中的一至二名调查对象。

2. 参与者根据表格在一周内完成调查内容，做好记录。

收获与分享

1. 调查完成后，参与者分组进行组内分享，之后整理小组调查结果，每组派代表进行大组汇报。

2. 大组汇报时，带领者组织参与者讨论。

A. 通过不同群体的压力调查，你的感受和发现是什么？

B. 总结梳理调查对象应对压力的方式。

C. 在调查他人和压力相处的情况时，你发现压力带来的正面影响有哪些？

D. 以后面对你自己的压力时，你觉得还可以采用哪些方法？

⚑ 引导要点

★ 每个人都会体验到压力，不分年龄、不分人群，我们要客观看待压力的存在。

★ 每个人都有自己缓解、应对压力的方式。我们可以互相交流学习。

🔍 技能 UP

★ 带领者在分享后可以追问参与者：如果想为调查对象做一些缓解其压力的事，你准备怎么做？对较容易实现的事情，带领者可鼓励参与者实施。

总结

1. 每个人都有自己的压力，压力在生活中是难以避免的。

2. 我们可以互相学习和尝试运用缓解应对压力的方式。

活动单

 压力调查记录表

我访谈的对象是 ＿＿＿＿＿＿＿＿＿。

访谈项目		内容记录
年龄		
职业（角色）		
人际状况		
生活目标		
感受到的压力源及强度		
压力带来的影响	正面影响	
	负面影响	
应对压力的方式及效果		
对我的启发		

说明：

1. 压力源及强度。压力源可以是学习、父母、经济状况、人际交往、婚恋、工作压力和其他等，请具体描述。强度是调查对象本人感受到的压力强度，用 1~10 分表示，1 分表示很轻，10 分表示最重。

2. 压力源及强度填写举例：我的爸爸最近在重新找工作，他感觉压力很大，压力强度评估为 8 分。

单元反思

成长反思

事实（Facts）：

感受（Feelings）：

发现（Findings）：

未来（Future）：

成长加油站

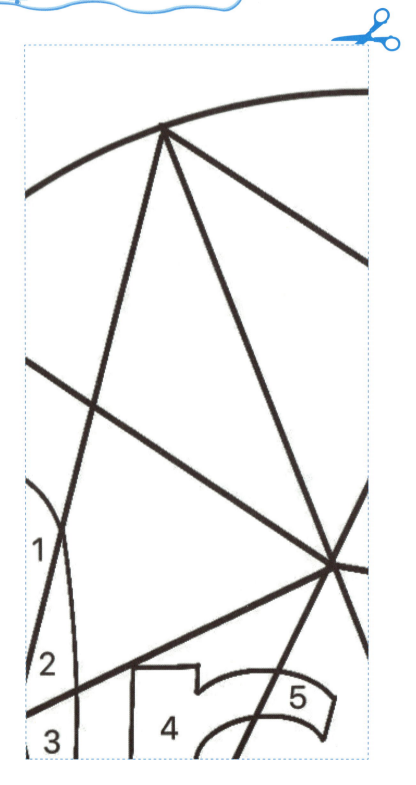

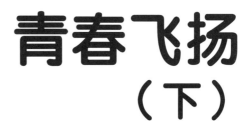

青春飞扬
（下）

QINGCHUN FEIYANG

致同行者

本单元在上册的基础上进一步讨论性别角色和异性交往。性别认同在青少年自我同一性发展中意义重大，异性关系对青春期孩子来说也是不容回避的话题。我们将通过本单元的活动帮助参与者学习尊重不同性别、不同文化，尊重自己和他人的身体权、选择权，并为之负责。

"性别物语"引导参与者通过动态反思的方式来思考和逐步澄清自己的性别态度和价值观，并在这个过程中学习尊重性别多元性和差异性，实现性别认同，增大性别弹性。

"他和她"让参与者通过对青春期异性交往动机的探讨，体会到异性交往有不同的动机，也有一些注意事项。

"爱的反转剧"通过设置情景，在不断反转的剧情基础上，让参与者去讨论青春期"爱情"的影响因素，并尽可能去呈现不同角度的"爱情"。

"爱，不任性"是基于青春期孩子的身体自主权和选择权展开的讨论，适用于八年级以上。一段亲密的关系中可能会有亲密行为，什么时候叫停，怎样叫停都是需要他们去深入认知的。通过讨论，参与者将形成自己的选择并学习拒绝不符合自己真实意愿的行为。

本单元活动中的问题几乎没有标准答案。作者尽力在活动中创设安全的体验和思考空间帮助参与者们拓展视野，形成符合自己发展的独特态度和选择。所以，带领者在本单元活动中应尽量中立，鼓励参与者去表达，在一个活动中，可以只深入处理他们关心的热点，也可以同时呈现多个角度和要点，视课堂情况和参与者需要而定。但有一个基本原则：每一个选择背后都有对自己和他人的尊重，我们也须承担相应的责任。

主题1
性别物语

活动目的

1. 了解并尊重性别多元性，对性别有更丰富、更多层次的认识。

2. 清晰认知自己目前的性别，发展自己的性别特质弹性。

准备工具与材料

1. 彩色胶带一卷。

2. "男""女"字贴纸。

活动内容与流程

暖身活动：性别知多少（5min）

活动步骤

1. 带领者讲解游戏规则：地面上有三个圈，分别是男性、女性和其他，参与者根据带领者的提问，选择自己的站位。

2. 带领者提出第一个问题：您看到这样一个人，身高 175 厘米，留短发，穿男式衬衫，您觉得 TA 是哪个性别？参与者按自己的选择站位。

3. 带领者提问：这样选择的原因是什么？

4. 带领者根据参与者的回答，简要总结相关的生理性别、基因性别、生物性别、心理性别、社会性别等概念。

5. 带领者再次提问：这个人对自己的性别有一些困惑，就去检测，发现自己的染色体是"XXY"。这一次，你选择站哪一个圈？这样选择的原因是什么？

6. 参与者重新走动站位，并说明理由。带领者做基因性别的小结。

7. 全场讨论：在以上活动中，我们有什么感受和发现？

🚩 引导要点

★ 生理性别：又称自然性别，指按照性器官的不同将有机体分为雄性和雌性。

基因性别：常见有XX（女），XY（男），不常见的有XXY、XYY、XXX等。

生物性别：由性激素决定，每人都有雄激素与雌激素，但比例不同。因此生物性别可能呈现多样性。

心理性别：我更接纳自己是什么性别。

社会性别：社会基于男女两性生理差异而赋予他们不同的期望、要求、限制，个体通过社会习得与男女两性相关的一套规范的群体特征和行为方式。

★ 目前对跨性别的界定仍有争议，但跨性别一般是指涉及各种与性别角色部分或全部逆转有关的个体和行为。

★ 双性化人格是指性格特质中具有某些社会规范认同的异性特质。美国心理学家桑德拉·贝姆（Sandra Ben）认为此类人比较具有弹性，更能适应社会竞争。

★ 性别存在不是单一的，是多元化、多样性的。

🔍 技能 UP

★ 本活动的设计目的是降低参与者对性别认同的担心和顾虑，为后续活动做铺垫。活动重点不在于概念的准确性，而是帮助参与者突破性别认识误区，让他们了解到性别存在是多样和多元的。

★ 如果有参与者提到同性恋，要帮助其澄清性倾向和性别的概念，并提示本

课不涉及性倾向的讨论。但如果现场确实有不同性倾向的参与者，要予以尊重。

主题活动：我的性别（30min）

活动步骤

1. 带领者在地面上用彩色胶带贴出一条线，一头标示男，另一头标示女（如下图）。

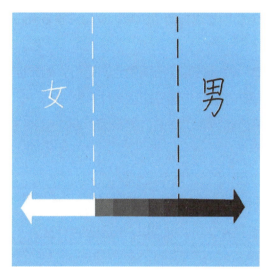

2. 带领者解说彩色胶带的意义：性别差异研究学者们发现，性别的存在并不是绝对的，就像一个光谱一样，两端有纯粹的黑或白，但人数很少，中间还有很多处于不断变化中的性别模式。假如胶带右边代表极度男性化，左边代表极度女性化，请根据自己的情况选择胶带上的相应位置，你会站在哪里？接下来请跟随带领者指示站位。

3. 带领者邀请参与者根据问题答案第一次站位：从生理性别来说，你是男生还是女生？

4. 带领者邀请参与者根据问题答案第二次站位：如果性别可以选择，你愿意站在什么位置？

5. 带领者随机提问（被提问的人要包含位置有变化和没变化的）：你改变自己

的站位了吗？改变／未改变的原因是什么？

6. 带领者邀请参与者根据问题答案第三次站位：如果不考虑社会的眼光，你自己愿意选择的衣物是偏女性化的还是偏男性化？还是更中性一些？

7. 带领者随机采访，提问：这样站位的原因是什么？带领者回应参与者，并强调社会文化对我们的性别观念的影响。

8. 带领者邀请参与者根据问题答案第四次站位：如果只考虑自己现在的性格特质，如比较细致等，你会考虑站在哪个位置？原因是什么？

9. 带领者随机采访参与者这样站位的原因，带领者要允许参与者自己定义性格特质的位置。

10. 带领者邀请参与者根据问题答案第五次站位：如果你可以对自己的性格特质做一些改变，你希望站在哪个位置？原因是什么？

11. 带领者随机采访参与者这样站位的原因，要注意对位置有变化的人和没有变化的人都有涉及。

12. 参与者进行小组讨论，之后全场分享。

A. 在这个活动中，你对自己和他人有什么发现？

B. 如果你希望具有某些特质，你可以为自己做点什么？

⚑ 引导要点

★ 性别没有好坏之分。我们都可以向异性学习他们性格特质中值得欣赏的部分。

★ 我们可能喜欢自己的生理性别，也可能不喜欢。学习去悦纳自己的生理性别，并在这个基础上发展自己愿意发展的异性特质。

★ 我们的性别认知和社会认同与文化有关，尽量去适应社会文化，找到自己的性别弹性空间。

★ 接纳他人对自己的性别认识，理解人天生的性别差异及生理性别、社会性别的多样性。

技能 UP

★ 本活动中带领者要重点关注参与者站位的变化。变化者可以提示我们可能希望发展的方向，如果没有变化，参与者可以思考为什么喜欢自己现在的站位，呈现我们可以悦纳自己的性别。

★ 参与者如果不能理解站位，带领者可以自身先做示范。

★ 如果场地有限，我们可以用平行的两条线或三条线来代替。布置场地时，带领者要充分考虑参与者可能不愿意与他人有更多的身体接触；如果依旧会有该问题，则提示参与者可以站在线两侧。还有一种替代办法是参与者用彩色笔在画线的纸上标注自己的选择，不用参与者亲自站位，最后形成性别彩虹，但这种方式体验感较弱。

★ 如果参与者年龄比较小，可能会有人对别人的站位提出异议。经验丰富的带领者可以追问，启发他们思考自己的观点和别人的观点为什么会有不同；建议在活动前强调尊重他人对自己的认识。

总结（5min）

1.每一种性别都有自己的优势，异性之间应该彼此学习欣赏，以适应社会的发展。

2.清晰并悦纳自己的性别角色，发展自己的性别特质的弹性，理解并尊重性别多元性。

主题2

他和她

活动目的

1. 认识到异性交往可能有多种动机。

2. 理解异性交往注意事项。

准备工具与材料

1. 校园"爱情"（活动单1）。

2. 交往情景（活动单2）。

3. 便笺纸（每组三至四张）。

活动内容与流程

暖身活动：假如他发朋友圈（5min）

📊 活动步骤

1. 带领者出示校园"爱情"（活动单1）的图片。

2. 带领者提问：如果你在他的朋友圈看到这张图，你会怎么回应，为什么？

引导要点

我们所处的年龄段，很容易对异性产生好感，想要更多地了解对方是正常的现象。对于这个现象，我们会有很多感受和想法，但出现这个现象真的是因为爱情吗？

技能 UP

这个部分无论参与者的答案是什么，带领者都要保持中立，鼓励参与者说出内心真实的想法。

主题活动：交往动机大揭秘（30min）

活动步骤

1. 参与者每四人分成一组。

2. 每组拿到一个案例讨论其中的交往动机，并讨论这个案例可能的发展方向。

3. 小组汇报以下问题的讨论结果：由这样的动机开始的交往可能会带来什么样的进展和结果？

4. 小组讨论：为了避免不想要的结果，发展异性关系要注意什么？

小组成员将应注意的事项写在便笺纸上。每张便笺纸写一个注意事项，每组写三至四张。

5. 小组汇报并把便笺纸贴在大白纸或黑板上，带领者进行归类和归纳。

引导要点

★ 我们在青春期的交往动机有很多，可能是虚荣心、利用他人、希望被人关注、缓释孤独、逆反、从众、向社会文化学习、好奇等。

★ 在开始一段确定的关系前，要非常谨慎，因为交往动机很复杂，可能会给我们带来未曾考虑到的风险。

★ 交往注意事项：多参与群体活动，在活动中增进对异性的了解；谨慎思考自己的交往动机，辨识对方的交往动机；珍惜自己和自己的情感，尊重对方。

技能 UP

★ 在动机的讨论中，只要参与者言之有理即可。一个事件中往往会呈现多个动机，带领者需解说动机的复杂性。本部分的重点是讨论出由某些动机开始的"爱情"存在的潜在风险。

★ 在讨论中，带领者要始终持开放、中立的态度，尽量鼓励参与者真实地呈现。

★ 如果这个内容用在五年级至八年级，带领者的指导和价值参与应该更多，用在较高年级要更多地尊重参与者的想法和选择。

总结（5min）

1. 在青春期，我们对异性产生好感，想要更多地了解对方是正常的现象。

2. 在与异性交往时，要辨别自己真实的交往动机，并学习尊重自己和对方。

活动单 1

校园"爱情"

活动单 2

 交往情景

 小丽是学校里的漂亮女生，很多人都说她是"校花"。阿明与小丽并不在同一年级，但一直希望可以接近她，他心想：如果小丽肯做我女朋友，多有面子！

 亮子对叶子非常好，常给她买礼物，对她嘘寒问暖、有求必应。叶子虽然不喜欢他，但也从不拒绝亮子为自己做这些事。

 丽颖和小丹是一个班里的好朋友，总是形影不离。可最近小丹和其他班的一个男生走得很近，丽颖变得形单影只了。这时候，恰巧同班的小飞向丽颖表示了好感并提出希望丽颖做他女朋友，她想都没想就答应了。

 慧丽和袁明从小学起就是同班同学，也是邻居。他们常常在一起写作业、玩游戏，彼此非常了解，也常常相互聊心事。同学们都说他俩是"天生一对"。他们想：可能是吧……

阿琪和阿华在班里是一对公开的"情侣"。虽然阿琪并不是特别喜欢阿华，可是当周围人频频向他们投来羡慕的眼神时，她就特别开心。

小轩为人内向，在班上基本没有朋友。可无论是在网络游戏中还是在微博里，他都是"红人"，也不乏女生主动示好。小丽就是其中之一，小轩同意与她交往了。

小萌是学生会干部，品学兼优，家教极为严格。父母发现她最近和一个男生接触频繁，就严厉禁止。其实他们只是一同在学生会工作的伙伴，但最近父母的举动让她决定和这个男生"发展"试试。

阿娟喜欢看言情小说，看着里面的男女主人公的感情故事很是羡慕。她希望自己也能尝试一回。最近，班里一个她几乎没怎么关注过的男生突然向她表白，阿娟欣然同意了。

主题 3

爱的
反转剧

活动目的

1. 理性对待"爱情"，能从不同的角度去思考爱情及其影响因素。

2. 明白"爱情"会因各种因素发生变化，每一次变化都可能导致不同的选择。

准备工具与材料

1. "两棵树"图片（活动单 1）。

2. "爱情"故事（活动单 2）。

活动内容与流程

暖身活动：你砍哪棵树（5min）

活动步骤

1. 带领者提问：你去山上砍树，正好是图片上的这两棵树（活动单 1），你会砍哪一棵？原因是什么？参与者讨论并分享。

2. 带领者再问：粗的那棵是普通的树，而细的那棵是名贵树，你会砍哪一棵？原因是什么？参与者讨论并分享。

3. 带领者继续问：细的树虽然笔直，可中间大多是空的，你会砍哪一棵？原因是什么？参与者讨论并分享。

4. 带领者再问：细的树上有个鸟巢，几只幼鸟正躲在巢中，你会砍哪一棵？参与者讨论并分享。

5. 带领者总结：我们之所以会不断改变选择，是因为动机和条件不断变化。如果用这个观点去看"爱情"，你会有什么启发？

引导要点

★ 我们做每一个选择时可能都会参考很多因素，并且所做的选择随时可能发生变化。

★ "爱情"也是一种选择。

★ "爱情"在不同的阶段，我们的选择会发生变化。

技能 UP

★ 答案没有对错之分，重点是引起参与者关于选择的思考。

★ 带领者可以通过这个部分过渡到邀请大家进入"爱情"反转剧剧场，让参与者了解每一次选择可能都是一次反转。

主题活动："爱情"反转剧（30min）

活动步骤

1. 带领者介绍反转剧的特点，反转剧的结局常常出人意料，其精髓是"意料之外，情理之中"，必须能自圆其说。反转中不能出现非现实的因素，如突破次元壁垒、穿越、玄幻等。

2. 带领者出示活动单2，将参与者分成四人小组，让各小组抽签决定小组情景，来担任编剧，反转这一个故事。

3. 四人小组交流自己反转的故事，并形成一个小组故事，做全班汇报，内容如下。

A. 小组每个人有自己不同的故事，产生不同故事的原因是什么？

B. 小组最终形成了一个共同故事，选择这个故事的理由是什么？

4. 带领者尝试从不同视角去提问。

A. 老师干预这件事，他可能产生的感受和想法是什么？你认为他的想法合理吗？原因是什么？

B. 家长干预这件事，他们的理由可能是什么？你觉得他们的想法合理的部分是什么？不赞成的部分是什么？

C. 小 A 的朋友可能怎么看这件事？他们的看法对小 A 的选择会有影响吗？影响是什么？

D. 小 B 的朋友可能怎么看这件事？他们的看法对小 B 的选择会有影响吗？影响是什么？

5. 带领者对汇报做简要小结并提问：爱情中有很多因素会影响双方的选择，那么，他俩可能做出什么选择呢？

6. 带领者选择现场故事中的一个（选择的这个故事有可能呈现更多思考层次），邀请各小组继续讨论，就这一个故事进行反转，并汇报故事背后的情理是什么。

7. 带领者在所有剧本中选择最后是面对美好学习生活的剧本，如果没有，则由带领者创设一个该结局的剧本，邀请参与者进行小组讨论：他们做了什么？应该注意什么？谁可以帮助他们去面对？

8. 小组就上一讨论结果进行汇报。

9. 小组讨论汇报：在今天的反转剧场中，我们对"爱情"的新发现是什么？

10. 带领者小结。

🚩 引导要点

★ 我们在开始一段感情时可能是源于自己的内在需要，爱情不一定能满足该需要，我们可以通过不断澄清需要并寻找其他的方式来满足自己的内在需要。

★ 每个人对"爱情"都有自己的理解和期待，当一段感情深入时，彼此之间的不同就会凸显出来，需要彼此的尊重和包容。

★ "爱情"的发生发展通常有四个阶段：共存、反依赖、怀疑、共生，通常反依赖和怀疑的阶段是比较容易出现冲突的阶段。

★ 每个人都渴望成为独立的自己，一段感情如果限制了我们成为自己，我们有可能会难受，但尝试去发现难受的原因并面对，我们就会成长。

★ 面对一段感情，我们身边的人会给我们不同的建议，听不同角度的想法，有助于我们理性辨析和选择。

★ 处理"爱情"中的冲突需要彼此的尊重、信任和坚持不懈的沟通。

★ 选择随时都会发生，每个选择背后都意味着责任，就我们的年龄特点和发展需求而言，需要更多的学习和更为谨慎的选择。

技能 UP

★ 这节课没有标准答案，目的是建立一个理性讨论爱情影响因素的空间。爱情是一个故事，每个人的故事是不同的。带领者要保持一个开放的非评判的态度，更重要的是呈现出不同的角度，根据现场情况选择重点讨论的要点。

★ 如果时间足够或者条件允许，带领者可以采用戏剧、雕塑、画面定格等方式让参与者进行思考与讨论，随机采访参与者和观察者的感受，也可以问问不同角色的看法。

★ 在第一轮中，如果参与者反转动机，则带领者可以就动机进行讨论；参与者反转结果，带领者则要追问这个结果为什么会出现，从而呈现"爱情"阶段理论和我们的年龄可能带来的局限性；参与者反转性别角色，带领者则要提示对多元性别和多元家庭的尊重。

★ 如果在讨论中涉及婚姻，建议不讨论，"爱情"和婚姻是不同的。

★ 如果在讨论中涉及每个选择背后都有责任的承担，可以为下节活动做铺垫。

★ 如果时间不够，第六步可以省略。

总结（5min）

1. "爱情"反映了我们每个人的内在需要和期待。

2. "爱情"是变化的，需要我们不断去做出理性选择。

3. 每一个选择都会指向不同的方向，意味着将承担不同的责任。

活动单 1

 两棵树

活动单 2

"爱情"故事

小 A（男）和小 B（女）一直是同桌，小 A 觉得自己是男孩子，一直对小 B 很照顾，小 B 也很感激，常常把自己带的零食分享给他。他们也常常一起讨论学习中的各种问题，同学们看到他们的互动，会调侃他们是"一对儿"，刚开始他们还辩驳，却没有什么效果，渐渐地，他们自己也觉得对方还不错，认为也许可以试试看。

抽签情景：

1. 有一天，老师找他们谈话，让他们注意影响……

2. 新学期开始了，老师调位置，小 A 迎来了新的同桌，温和美丽，学习成绩也不错，小 A 常常请教她问题……

3. 小 A 是一个人缘不错的人，他有很多朋友，常常和这些朋友一起玩，陪小 B 的时间很少，小 B 希望小 A 能多陪陪她……

4. 小 A 零用钱很少，总是计划着用，过生日的时候没有送小 B 礼物，本来小 B 觉得没什么，可闺蜜告诉她连生日都不送礼物，有可能是小 A 不重视这段关系，小 B 觉得很没有面子……

主题 4

爱，不任性

活动目的

1. 理解亲密行为的选择需要慎重。

2. 学会尊重自己，拒绝不愿意发生的亲密行为。

准备工具与材料

1. 废旧报纸。

2. 全开大图（781mmX1086mm，活动单1）。

3. 同色便笺纸（每人两张）。

4. 抽签情景（活动单2）。

5. 大白纸一张。

活动内容与流程

暖身活动：丘比特之箭（5min）

活动步骤

1. 带领者将活动单1做成全开大图，挂在活动场地正前方。

2. 参与者每人拿到一张废旧报纸，团成纸团，对着图中间的"爱"字投掷，争取击中"爱"字。

3. 带领者提问。

A. 我们每个人都奔着"爱"而去，有多少人真正击中了"爱"？

B. 如果你没有击中"爱"，你击中的词是什么？这个词让你想到什么？

🚩 引导要点

★ 我们以为自己总是奔着目标而去，但这个过程中有很多因素会影响到目标的实现，我们以为的恋爱也是如此。

🔍 技能 UP

★ 投掷活动应该有安全事项的强调。

主题活动：爱，不任性（30min）

📊 活动步骤

1. 带领者发给每个参与者一张便笺纸，请每个人写一写（不记名）：两个人恋爱后会不会有亲密行为？如果不会，为什么？如果会，可能会有哪些亲密行为？参与者写完后将便笺纸交给带领者。

2. 带领者选择其中有代表性的行为，写在大白纸（黑板）上，询问参与者有没有异议，如果有异议，可以讨论。

3. 带领者引导参与者回顾之前的课程"身体红绿灯"，从而过渡到介绍身体权。

4. 带领者再次发给参与者一张纸条，请大家写一写（不记名）：如果要保护我们自己的身体权，就可以在任何时候喊停，你会愿意选择在哪个行为发生时喊停？原因是什么？

5. 带领者快速阅读部分收上来的意见，并提示每个人的身体界限是不同的，要尊重自己和他人的身体权，任何时候都可以喊停，别人喊停也应该尊重对方的决定。

6. 带领者解说：如果我们要停止某些行为，就要拒绝对方的要求，怎么拒绝？

7. 参与者使用活动单 2 中的情景，小组抽签后讨论拒绝的言语和行为（二至三个），并写下来。

8. 参与者将写完后的纸条集中并重新抽取，各小组讨论上面的拒绝方式是否可以接受，并说明原因。

9. 带领者小结。

▶ 引导要点

★ 身体权是指自然人保持其身体组织完整，支配其肢体、器官和其他身体组织并保护自己的身体不受他人违法侵犯的权利。

★ 是否发生亲密行为，我们可能会考虑很多因素，但尊重对方是重要的。选择在某些行为发生前喊停是尊重自己也是尊重对方的行为。

★ 拒绝或不拒绝，取决于我们是否理性选择，每个选择背后都意味着承担相应的责任。

★ 拒绝时最重要的原则是"不伤害自己，不伤害他人"。拒绝有很多方法，包括：自嘲、顾左右而言他等。提出安全替代方法可能让对方觉得有诚意。

○ 技能 UP

★ 参与者可能回避讨论亲密行为，所以带领者开放的态度、适度的鼓励、安全温暖的氛围是重要的。

★ 亲密行为可能是多种多样的，参与者觉得需要喊停的行为也可以是多种多样的，要允许多样性。如果场中出现一边倒的不用喊停或者在性行为发生前喊停的声音，带领者需要补充青春期性冲动相关知识。

★ 如果参与者提到网恋，带领者也要提示在网络中同样存在尊重和保护身体权的问题。

★ 本活动开展过程中，带领者要注意处理参与者的内疚情绪。活动可能会引发参与者对过去某些行为的内疚感，带领者可告知参与者我们可以在任何时刻重新做出有利于自己成长的选择，曾经的选择可以成为成长的阶梯。

总结（5min）

1. 爱，不任性。做任何选择都要理性思考。

2. 在亲密行为选择中要意识到每一种选择都意味着承担相应责任，要学习尊重自己和他人。

3. 拒绝不理性亲密行为是对彼此的保护和尊重。

活动单 1

活动单 2

抽签情景

1. 你真的爱我，就证明给我看。

2. 我以为我们的恋情是有结果的，如果你不肯，我就找别人了。

3. 很多人都这样做。

4. 很安全的，我们有安全套。

5. 我们已经是大人了，有什么关系。

6. 你之前答应了，现在怎么又不愿意了？

单元反思

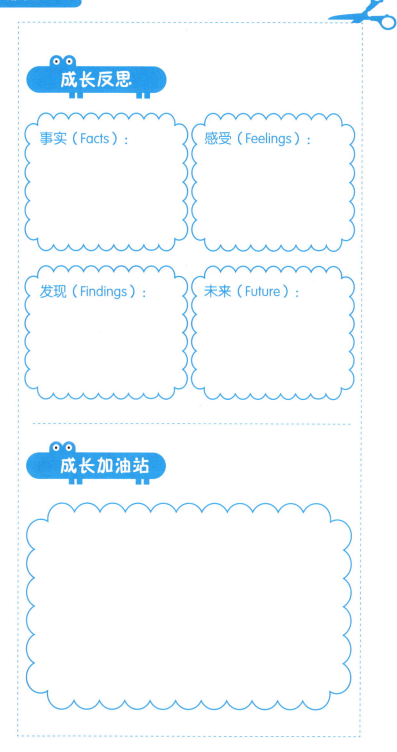

成长反思

事实（Facts）：

感受（Feelings）：

发现（Findings）：

未来（Future）：

成长加油站

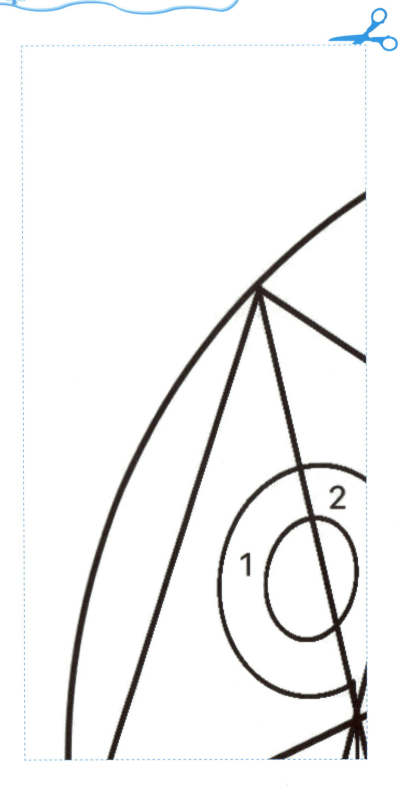

生涯规划
（下）

SHENGYA GUIHUA

致同行者

　　生涯之学，即应变之学。面对变化的世界，中学阶段的生涯教育不是为确定职业，而是聚焦生涯发展，帮助学生以积极弹性的生涯发展观，应对未来的变化和无限的可能，并通过学习有效的决策和行动，成长为能适应社会发展与挑战的人。

　　这个单元包含三个主题活动和一个综合实践活动。

　　"蝶变人生"聚焦变化，让参与者理解生涯的不确定性，初步形成"积极不确定"的生涯发展观。

　　"向目标前行"聚焦目标，引导参与者澄清个人目标，并思考在实现目标的过程中需要采取的行动和能够利用的资源。

　　"时间小管家"聚焦行动，帮助参与者初步形成科学管理时间的意识，学会运用有效的时间管理方法去合理安排时间。

　　综合实践活动"职业初体验"创造机会，让参与者初次体验职业，探索职业，形成对工作的认知。

　　本单元的重点在于让参与者让理解目标与变化之间的关系；让他们知道在变化的世界中，要不断地对自身进行调整，以积极灵活的态度、具体有效的行动去适应变化的未来；让参与者通过职业体验，加深对职业世界的理解。

主题1

蝶变人生

活动目的

1. 通过绘制生涯蝴蝶模型，理解"计划"与"变化"的关系：面对变化，计划需要有弹性。

2. 理解生涯的不确定性，初步形成"积极不确定"的生涯发展观。

准备工具与材料

1. 初级版活动单（活动单1，每人一张）。

2. 升级版活动单（活动单2，每人一张）。

活动内容与流程

暖身活动：抓蝴蝶（5min）

活动步骤

1. 带领者讲解活动规则：六人或四人一组，围成圈，每位参与者左手掌心向下，放在左边参与者的胸前；右手食指向上，放于右边参与者的掌心之下。

2. 参与者聆听带领者讲的故事，当在故事中听到"蝴蝶"两个字时，左手要快速地抓住掌心下旁边参与者的食指，与此同时，你自己的右手要快速地逃脱。

参考故事：糊涂奶奶有一个蝴蝶花园，花园里有胡豆、狐狸和蝴蝶，奶奶总是喜欢用胡豆去喂狐狸，可是狐狸并不喜欢吃胡豆，每当这时，狐狸就会对蝴蝶说："奶奶可真是糊涂啊。"

⚐ 引导要点

★ 今天我们要分享的主题也与"蝴蝶"有关，让我们开启今天的主题——蝶变人生。

○ 技能 UP

★ 本设计意在：活跃课堂气氛，引出本课主题——蝶变人生。

主题活动（初级版）：生涯蝴蝶模型 (30min)

📊 活动步骤

1. 带领者组织参与者进行初级版活动（活动单1）。带领者讲述活动背景，并提问：小雅一直是班上的文艺骨干，舞蹈乐器样样都会，而且特别擅长主持。学校迎新晚会即将开始，她希望自己能成为晚会主持人。如果按照小雅的计划，顺利的话，事情应该怎样发展？

2. 参与者分享。

3. 带领者给出活动单1，呈现小雅的计划圈（活动单1图一）。

4. 带领者给出非计划事件：因为最近事情太多了，小雅错过了提交主持人报名表的时间。带领者请参与者思考：接下来，事情会如何发展呢？参与者将自己的想法填写在活动单1的图二中。

5. 参与者分享。

引导要点

★ 通过各个小组的分享，带领者提示参与者关注彼此的差异，并引导参与者意识到：非计划事件发生后，事情的发展轨迹可能有多个，未来的发展方向不是确定的、唯一的，而是多元的可能。

技能 UP

★ 活动设计改编自生涯混沌理论中的蝴蝶模型，将计划与变数（非计划事件）结合，将真实世界中的有序与无序、确定和变化联系起来，初步引导参与者意识到未来的发展方向不是确定的唯一，而是多元的可能。

★ 左边的圆圈是计划圈，圈内的是自己的起点、想要达到的目标，以及实现目标的过程。右边的圈为机会圈，也就是在追求目标实现的过程中，发生的变数（非计划事件），以及在这个变数发生后未来发生的变化（如活动单1图二）。

主题活动（升级版）：生涯蝴蝶模型 (30min)

活动步骤

1. 带领者讲述活动背景：小鸣是一位初二学生，成绩普通，非常喜欢画画，每天都会花时间画画，希望通过艺体特长生的方式考上理想的高中，进而能考上一个好一点的艺术类院校，成为平面设计师。

2. 参与者每四人组成一个小组。

3. 每组派一位代表，在带领者处抽取一个非计划事件。

4. 每组针对抽到的非计划事件，使情绪平静，初步思考，生涯轨迹可能出现的变化。

5. 参与者以小组为单位完成小鸣机会圈的未来发展路径（活动单2）。

6. 参与者思考，小鸣在变化发生后的生涯发展，反映的是怎样的人生态度，并用写关键词的方式将答案体现在蝴蝶的触角上（活动单2）

7. 参与者分享在绘制过程中的感受和体会。

🚩 **引导要点**

在我们追梦自己未来的过程中，在计划圈里，我们看到了明确的目标、清晰的路径，还有一些具体的行动，这是我们做好的准备。但是人生还会面对太多的未知和不确定，比如：好运降临（或是厄运到来）。所以，人生的发展方向不是确定的、唯一的，而是多元的。我们在实施生涯规划的过程中，不但要考虑到可控的、稳定的因素，还要积极地应对意外等不可控因素，这样，才能更好地适应日益变化的外部世界。

蝴蝶的两根触角代表的是面对这个非计划事件时当事人的态度。

当我们以更开放、灵活、积极、有弹性的心态去面对非计划事件时，我们更容易积极适应。

🔍 **技能 UP**

★ 非计划事件的活动方式建议。

1. 带领者提前做好，每组随机抽取一张（非计划事件的参考如下，可根据实际情况调整）。

> * 妈妈在银行工作，她希望小鸣只把画画当作兴趣，未来也从事金融方面的工作。
>
> * 学画和学习的时间分配不合理，学习成绩明显下降。
>
> * 小鸣中考失利，没有考上理想的高中。
>
> * 高中时，小鸣发现自己对生物非常感兴趣，想从事生物医学类的工作。
>
> * 初二时，小鸣参加国家级的绘画比赛，获得金奖，得到参加中央美术学院的夏令营机会。
>
> * 中考新政出台，艺体特长生的政策取消了。
>
> ……

2. 现场生成。

带领者给出小鸣的背景资料和计划圈之后，请各小组思考，从家庭、自身、社会发展等角度，思考一至二个小鸣在成长中可能会发生的非计划事件，并将各组提出的非计划事件分别写在纸条上，各组随机抽取。

★ 非计划事件的数量建议：

根据参与者的小组数量，确定非计划事件的数量，最好有 2~3 个小组抽取的非计划事件是相同的，这样才能在分享的时候体现差异性。带领者在这个过程中，可以引导参与者认识到人生可能面对不同的非计划事件，这是一种变数。同时，即便是面对相同的非计划事件，大家也有不同的应对方式，因此人生的发展方向不是确定的唯一，而是多元的可能。

★在蝴蝶的触角上填写的内容，是在参与者完成小鸣机会圈的生涯发展规划后，根据新的生涯发展，提炼出的小鸣在面对变数时的人生态度。分享过程中，带领者可以追问参与者：是否满意小鸣现在的生涯发展？为什么？如果不满意，在接受非计划事件的前提下，怎样才能更好？哪些人生态度更有利于小鸣去应对生活中出现的变数。在这个过程中带领者要注意提炼关键词，适时点评，引导参与者树立积极不确定的生涯发展观。

★ 小鸣的例子可以换为更符合参与者年龄段的本校学生的真实例子，当参与者分享完后，带领者呈现这个真实案例的主人在遇到非计划事件时生涯的发展，更能启发参与者自省。

★分享讨论的最后，带领者可以通过提问引导参与者更深入地思考过往经历与自身发展的关系，如：假如小鸣在未来没有成为平面设计师，那么在他的成长中，他为成为平面设计师所做的努力，对他的人生有什么意义？

总结（5min）

1. 计划可以让我们更好地向目标靠拢，但是计划并不是一成不变的。

2. 在变化面前，开放、灵活、积极、有弹性的状态能够让我们善用机缘，更好地实现自我。

3. 我们所有的经历，都有它的价值，都将成为拓宽我们人生道路的宝贵财富。

活动单 1

初级版

小雅一直是班上的文艺骨干，舞蹈乐器样样都会，而且特别擅长主持，学校迎新晚会即将开始，她希望自己能成为晚会主持人。

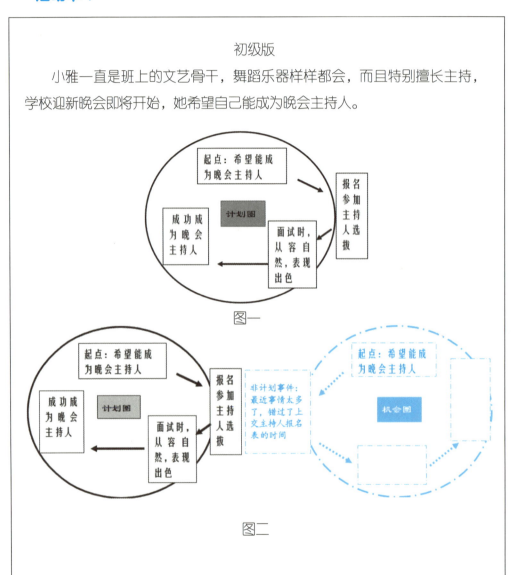

图一

图二

活动单 2

升级版

小鸣是一位初二学生，成绩普通，非常喜欢画画，每天都会练习画画，他希望通过艺体特长生的身份考上理想的高中，进而考上一个好一点的艺术类院校，成为平面设计师。

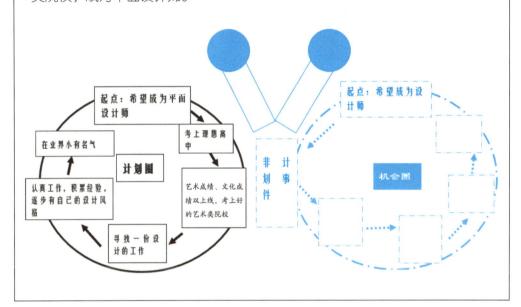

主题 2

向目标前行

活动目的

1. 感受目标对自身发展的积极作用。

2. 思考在实现目标的过程中需要采取的行动和能够利用的资源。

准备工具与材料

活动单（每人一张）。

活动内容与流程

暖身活动：南辕北辙（10min）

活动步骤

1. 带领者将参与者每六至八人分为一组。

2. 每组参与者围成圆圈，背对中心站好。带领者请每位参与者在自己前方的区域内，任意选择一个距离自己三米以内的点，并记住这个位置。参与者彼此不能用眼神和语言交流，选好后举手示意。

3. 第一轮行动。

A. 带领者介绍活动：现在大家都确定了自己选择的位置，接下来我会从 1 数到 3，当我数到 3 时，请大家快步走到自己刚才选定的点上。

B. 参与者站定后，观察一下自己与小组其他同伴的位置。

C. 所有参与者回到刚才的圆圈，依然背对中心站好。

4. 讨论与分享。

假如刚才的定点就是大家想要实现的目标，走过去的过程就是目标达成的过程，请问对这样实现目标的过程，你有些什么感受？

5. 第二轮行动。

带领者介绍活动：请大家围成圆圈，背对中心，相邻两人将胳膊紧紧挽在一起。锁定刚才的目标位置，待指令发出后，大家在不松开胳膊的前提下，努力地走向自己的目标位置。

带领者在所有人站定后，请成功到达自己刚才位置的参与者举手示意。

6. 分享。

A. 成功走到了目标位置的参与者，在向目标前行的过程中，有什么感受？成功的原因是什么？

B. 没有走到目标位置的参与者，在这个过程中有什么发现？

C. 和你的生活联系起来，你得到什么启示呢？

🚩 引导要点

★ 带领者邀请成功和失败的参与者分享自己成功或失败的原因和感受，并引导参与者将活动中的思考与实际生活中的实现目标的过程进行连接（如下表）。

参与者	可能的原因	与现实连接
已达目标的参与者	开始时迅速行动，抢占先机	准备充分，快速行动
	周围的人和自己的方向比较一致，成了自己前进的助力	周围有很多资源：比如父母的支持，同伴的支持、老师的帮助等
	自己目标明确，力量强大	有强大的实现目标的动力
	过程中不断调整，努力向目标靠拢	行动与调整
	目标与起点的距离较近	目标小，容易实现
未达目标的参与者	周围的阻碍很大	阻碍很多
	自己的力量不够	动力不足或目标太高
	自己并不是很想走到目标位置，没有努力	目标没有吸引力

🔍 技能 UP

★ 暖身活动南辕北辙的作用是激发兴趣和触发多角度思考。

★ 带领者要注意通过提问和追问的方式，引导参与者将活动体验和生活相联系；通过反馈，引导参与者反思目标达成，需要动机、准备、行动、调整等。

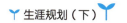

主题活动：向目标前行（25min）

活动步骤

1. 带领者请参与者在活动单中写出本学期最想实现的一个目标，越具体越好。

2. 带领者在场地中设置起点和终点，全体参与者在起点处站成一排，终点代表参与者所写的目标实现的状态。

3. 带领者请所有参与者思考：假如自己面前的起点和终点代表目标实现的进程，那么你想要实现的目标目前的达成度在这个进程中处在什么位置？并请参与者在起点和终点间，找到这个位置。带领者从 1 数到 3，当数到 3 时，参与者快步走到自己选定的位置。

4. 带领者请参与者在自己选定的位置就地坐下，思考以下几个问题，并将自己的思考填写在活动单中。

A. 这学期你做了些什么，让你从起点走到了这里？

B. 目前与终点间的距离，对你来说可能代表什么？你将如何向终点靠拢？

C. 你周围有哪些资源可以为你提供帮助，支持你向终点靠拢？

D. 你的目标是否需要修订？如果需要，你会如何修订？

5. 参与者分享感受。

技能 UP

★ 在参与者写目标的过程中，带领者要注意提醒参与者，目标要具体，符合 SMART 原则。

S 明确性：目标应具体、清晰、明确。

M 可测量：目标要可以衡量，达成程度可以评估。

A 可实现：目标或许具有挑战性，但是经过努力能够实现。

R 相关性：目标要具有价值，实现此目标与其他目标相关。

T 时限性：目标要有时间限制，有时间节点，可以进行时间分配。

★ 带领者根据参与者的回答进行引导，要注意对参与者谈到的资源和付出的行动进行积极反馈。

★ 带领者引导参与者思考下一步的行动。

总结（5min）

1. 当我们的目标更明确更清晰时，我们会更清楚要怎样去实现它。

2. 在实现目标的过程中，我们并不是孤军奋战，学会寻找资源会让我们更容易实现目标。

3. "想到"和"得到"间最重要的关键词是"做到"。

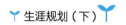

活动单

本学期我的目标是：

这学期你做了些什么，让你从起点走到了这里？

目前与终点间的距离，对你来说可能代表什么？你将如何向终点靠拢？

你周围有哪些资源可以为你提供帮助，支持你向终点靠拢？

你的目标是否需要修订？如果需要，你会如何修订？

主题3

时间小管家

活动目的

1. 初步形成科学管理时间的意识。

2. 学会运用有效的时间管理方法去合理安排时间。

准备工具与材料

大石头、小石头、沙子、水、罐子或类似材料。

活动内容与流程

暖身活动：一分钟，你能做什么（5min）

活动步骤

1. 三名参与者组成一个小组。

2. 参与者进行一分钟的小组讨论：假如给你一分钟的时间，在不离开当下学习场地的前提下，利用现有资源，你可以完成什么事。

3. 参与者用一分钟完成各自想做的事。

4. 参与者进行小组分享：你的一分钟做了些什么？

引导要点

★ 看到一分钟我们所能做的事情，你有什么感受？每一分钟都有它的意义和价值，专注于一分钟时，一分钟也能做很多事。一天有 1440 个一分钟，我们如何管理好每天的时间呢？

技能 UP

★ 带领者要注意参与者活动的丰富性，如做题、背单词、写字、整理书桌、运动等，让参与者自己实践，发现一分钟能做的事情超出自己的想象，造成认知冲突，引发其产生管理自己时间的意愿。

主题活动：时间小管家（30min）

活动步骤

1. 参与者每四至六人为一组，带领者分发工具：每组一个相同大小的透明塑料罐子，一包大石头、一包小石头、一包沙子和一瓶水。

2. 带领者讲指导语：假如我们用这个罐子来代表我们一天的时间，大石头、小石头、沙子和水代表这一天的时间里你想要做的事情。你会如何安排，让这一天更充实呢？

3. 参与者以小组为单位，用三分钟时间来讨论方案，并将讨论的结果记录下来。

4. 参与者实施小组讨论的方案。

5. 参与者在团队中分享本组做法及这样做的原因。

6. 讨论分享。

A. 如果再给你们组一次机会，你们的安排会发生变化吗？为什么？

B. 大石头、小石头、沙子在生活中代表哪些事情？

C. 与生活联系，对你的时间管理有什么启示？

引导要点

★ 参与者对大石头、小石头、沙子和水在生活中所代表的事情会有不同看法。

★ 我们可以从重要性和紧急性的维度对生活事件进行分类（置顶优先：重要的、紧急的事情先做），还可以从完成事件需要的时间进行分析，区分出有的事情需要完整的时间去完成，有的事件可以通过零散的时间去完成（组合分解：有的事情需要集中完成，有的事情可以利用零散时间完成，有的事情可以同时完成等）。

★ 带领者引导参与者分享自己生活中的时间管理小妙招，并对参与者的时间管理的方法进行归纳总结：罗列清单、置顶优先、组合分解等。

1. 罗列清单：当你开始罗列清单并思考每件事需要花费的时间时，你对时间的管理就已经启动了。

2. 置顶优先：有时候我们总会感到一天要做的事情很多，多得做不完，这个时候我们要学会舍弃。我们需要一双慧眼，在密密麻麻的事件中，快速地选择出紧急、重要的优先事件。

3. 组合分解：组合要注意可行、健康、高效、有创意；分解可以将任务分解后与其他任务进行组合，也可以将任务分解后分配到零散时间中。

4. 劳逸结合：兼顾学习与娱乐，保持生活的弹性和丰富性。

5. 约定期限：与自己约定每件事情最后完成的时间。一天结束时，你还可以对今天完成的情况进行评价和总结。

技能 UP

★ 大石头、小石头可以用乒乓球、玻璃珠代替，但材料存在由大到小的关系。同时透明塑料罐不要太大，刚好能装下所有材料为宜（可小不可大），带领者可以根据实际情况进行准备。

提升（2min）

寓言故事

哲人见一位农夫在砍树，每一斧都只能砍下一小块树皮——斧头太钝了。于是哲人问农夫："你为什么不把斧头磨快了再砍？"

农夫回答说："我没有时间磨斧头！"

总结（5min）

1. 学习新的方法，最困难的是最开始改变，而一旦我们真正将这个方法与我们的学习和生活结合起来，它就会成为你的一种习惯，自动地帮助你去管理你的时间。

2. 每个人的时间都是相同的，不同的是我们对待时间的态度，期待大家有意识地去管理自己的时间，形成有效管理时间的习惯。这不仅仅能提高我们学习生活的效率，更重要的是，这种习惯会助力未来的生涯发展。

综合实践

职业初体验

活动目的

1. 主动探索社会职业分类和发展趋势。

2. 实践过程中获得对职业和工作的初步体验。

准备工具与材料

职业体验记录表（活动单）。

活动内容与流程

活动启动与要求

1. 带领者邀请全体参与者以头脑风暴的形式思考过去十年消失和新兴的职业有哪些？

2. 带领者介绍活动主题：参与者要进行一次职业体验，并在职业体验记录表（活动单）中做好记录。

实践过程

1. 参与者在家庭成员或身边已经工作的亲友中选择一位，跟随其进行职业体验。

2. 体验时间为 1~3 天。

3. 体验期间，参与者认真填写职业体验记录表。

4. 体验结束后，参与者准备汇报体验的心得。

收获与分享

带领者组织参与者讨论和分享。

A. 你在职业体验过程中，从事过哪些具体工作？

B. 你的职业体验有什么感受？印象最深刻的片段是什么？

C. 体验过程中你对自己有什么发现？

D. 如果你有想从事的职业，你觉得现阶段可以做哪些准备？

🚩 技能 UP

★ 参与者可以选择自己感兴趣的、憧憬的职业，也可以选择容易体验到的职业。

★ 带领者组织分享时，也可以请参与者分享职业体验后自己对于职业认识的变化，以及要从事喜欢的职业，自己需要在知识、技能、经验和品质上如何发展。

总结

1. 不同的职业对人的能力要求不同。

2. 我们要不断通过实践去探索个人未来可能的职业方向。

活动单

职业体验记录表

	体验职业		体验人	
	工作时间	工作地点	我做了什么	感受
第一天				
第二天				
第三天				
职业体验后，你对于自己未来的职业有什么新的思考？				

单元反思

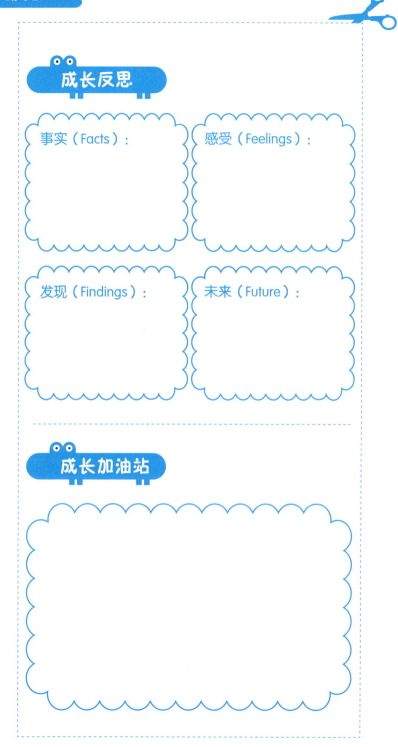

成长反思

事实（Facts）:

感受（Feelings）:

发现（Findings）:

未来（Future）:

成长加油站

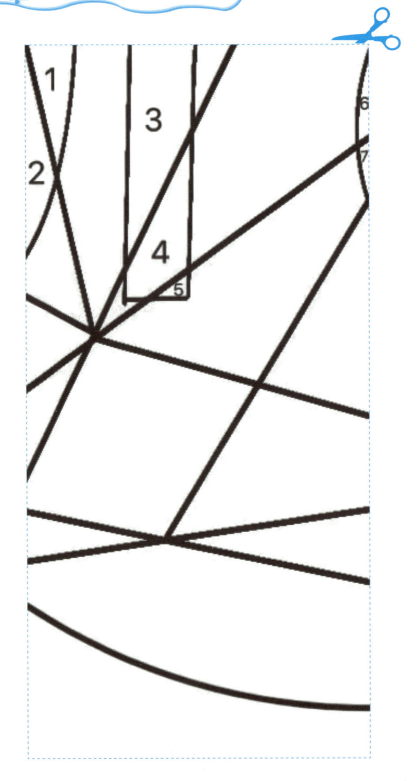

生命教育
（下）

SHENGMING JIAOYU

成长拼图——青少年体验式心理活动手册（下）

致同行者

对青少年而言，珍爱生命、理性选择是非常重要的课题。青少年许多心理问题的产生甚至自伤自杀等极端行为的出现与个体生命意义感的缺失紧密相关。生命意义感的确立关系到青少年身心发展的各方面，影响着青少年的健康成长、人格的完善、幸福感的建立、良好社会适应能力的培养和自身价值的实现。

正确的引导能帮助青少年更好地理解死亡。死亡是生命过程中的一个自然环节，也是一件极平常的事情。要让青少年明白生命是短暂的，以科学的态度对待生命是重要的；使他们认识到要勇敢正确地面对自己和他人宝贵鲜活的生命，不留下遗憾。

本单元有两个主题活动和一个综合实践活动。

"生命·选择"从两个方面去讨论自杀现象，通过故事和活动让参与者看到每个人可能面临不同的困境，人是在困境中成长的；当面对困境时，有各种资源可能支持到我们，要学会挖掘和运用资源，增强自己面临困境的效能感和乐观感。

"生死方寸间"通过棋盘游戏帮助参与者去反思生命的意义、自己对待死亡的态度；明白生命是有限的，理解死亡是生命的必经之路，不要浪费生命。通过体验活动，参与者可以更好地理解人生的价值与意义，学会珍惜生命。

"生命旅程"是一个综合实践活动，从"鸡蛋宝宝"诞生到生命历奇，让参与者在体验活动中升华对生命的认识。

本单元涉及的话题略显沉重，但不可回避。这对带领者的心理辅导技能和包容性有较高要求，建议带领者先检视自己对死亡的态度和价值观之后再去带领参与者，能更多地带出正向力量来。

主题1
生命·选择

活动目的

1. 认识到生命承载着美好和希望。

2. 每个人都会遭遇到困境。遭遇困境，要努力挖掘和运用资源，积极应对。

准备工具与材料

1. 案例情境（活动单1）。

2. 资源卡片（活动单2）。

活动内容与流程

暖身活动：名字故事（5min）

活动步骤

1. 带领者请参与者以小组为单位，介绍自己出生的时间、名字由来及名字寓意。

2. 带领者邀请有意愿的参与者在全体成员面前分享自己名字的故事。

🚩 引导要点

★ 父母用生命孕育了我们，我们在出生前就是自然选择的胜利者。他们在我们的姓名中寄托了他们美好的愿望。我们一出生，家人就开始为我们付出辛勤的劳动，给予无尽的关爱。我们成长的每一步，都承载着美好，承载着希望。

🔍 技能 UP

★ 如果有参与者不知道自己名字的由来或者认为父母给自己取的名字没有特别的寓意，带领者可引导其分享成长过程中与父母间的难忘点滴。

★ 本环节带领者也可以通过展示图片和视频的方式进行，出示自然界生机勃勃的画面以展现生命的美好和希望；图片如小草翠绿、树影婆娑、柳叶抽芽、百花芬芳、胎儿的彩超照等；视频如卵生动物破壳而出、植物破土而出、虫鸣鸟叫等。

主题活动：生命.选择（20min）

📊 活动步骤

1. 参与者每四人为一组分享自己或他人遇到困境的故事。

2. 带领者总结：虽然我们都希望生活幸福美好，但每个人在成长中总会遭遇困境。

3. 带领者呈现案例情境（活动单 1）和资源卡片（活动单 2）。

4. 参与者分为四组，第一组派代表上前抽取一个情境卡片，每个情境配有一套资源卡片及空白资源卡片，代表将抽取的情境和资源卡片上的内容读给所有参与者听。

5. 带领者将资源卡片贴在第一组每个成员的背后。

6. 讨论。

A. 事件的主角当下是什么感受？

B. 根据资源卡片，事件的主角们可以求助的资源是什么？

7. 该组成员根据所抽取的情境内容去搜集改变困境的方法（揭下成员背后的资

源卡片），如有成员对同一资源有意向，可通过猜拳的方式，赢的一方获得该资源。如想到资源卡片上未出示的方法，可揭下空白资源卡片。所有资源卡片被揭完后，活动结束。

8. 讨论。

A. 在整个活动中，你的感受是什么？

B. 为什么有的资源大家都想拥有？

C. 除了资源卡片上的内容外，还可以求助的资源有什么？

D. 在这次活动中，你的收获是什么？

E. 结合该活动，谈谈你对珍爱生命的理解和认识。

9. 小组选取代表，汇报讨论结果。

🚩 **引导要点**

★ 痛苦是唯一的，但也不是唯一的。

★ 也许选择逃避甚至是死去的理由有很多，但要相信活着、存在的理由更多。生活中遇到困难，应积极寻求资源，努力尝试各种办法应对。

★ 一个人的生命不仅属于自己，也会和周围的人产生联系，尤其是对自己的家庭、亲人、朋友有重要的影响。

🔍 **技能 UP**

★ 这个环节中，带领者要注意针对参与者出现的不合理信念组织参与者讨论、澄清。

★ 背后被贴资源卡片的参与者的数量根据每组参与人数而定，人数少可能有人背后不止贴一张，人数多，则有人可能不会被贴卡片。

总结（5min）

1. 生命来之不易，承载着美好和希望。

2. 一个人的生命不仅属于自己，也会和周围的人产生联系，尤其是对自己的家庭、亲人、朋友有重要的影响。

3. 生命只有一次，一旦失去就无法重来。

4. 每个人都会面临不为人知的困境。面对逆境，要选择勇敢尝试，寻找资源，积极应对。

活动单 1

案例情境

1. 初一男生小 A 身材矮小单薄，说话细声细气，为此经常被同学嘲笑、挖苦，还被取绰号"矮冬瓜""娘娘腔"。他家境不太好，所以他学习非常努力，希望能通过好好学习能帮到自己的父母，但最近考试成绩不太理想。他在班里朋友很少，某日，小 A 被叫绰号，反抗没有结果，觉得自己一点用都没有，萌发了"不如死了算了，一了百了"的念头……

2. 初二女生小 B 因为天生没有头发，需要一直戴假发装饰。为了不让其他人发现这个秘密，她每天都小心翼翼，谨小慎微，不敢和他人走得太近，身边更是没有朋友。为此，她只能将精力放在学习上，学习成绩优异是她唯一骄傲的地方。某日，一个女生故意找茬，在两人拉扯中，小 B 的假发被对方揭了下来。小 B 顿时觉得无地自容，整个世界崩塌了……

3. 初三的小 C 自小父母就离异了，小 C 和母亲住在一起，母亲性格强势，对小 C 要求十分严格，尤其在学习上严密监控。小 C 小学成绩一直不错，可是上了初中，学习科目增加，他明显觉得吃力。和母亲沟通，母亲不但不理解，还认为是他不够努力，为此在周末给他安排了满满的补习课。上了初三，母亲要求他必须考上某重点中学，小 C 压力很大，周末也不能休息，身心俱疲，可成绩依然没有明显的提升。某次家长会后，小 C 被妈妈狠狠教训了一通，说他不争气，让自己在亲戚朋友面前抬不起头……小 C 觉得自己已经用尽了全力，可是仍然不能让母亲满意，不知道怎么办才好……

4. 初二的小 D 对自己要求很严格，很难接受自己的失败。从小学六年级开始，学习成绩下降，怎么努力都提不上去。他常常心情低落，认为这样的人生没有意义。和父母沟通，父母让她不要整天胡思乱想，要把心思多放在学习上，还让她多向 XX 同学学习。之后，小 D 选择沉默，什么话都闷在心里，可是有的时候她真的觉得活着好累、好无助……

活动单 2

（共 3 类资源：社会资源、自身资源和认知改变）

班主任	同学	家长	朋友
科任老师	心理老师	心理热线	打 110
心理医生	写日记	打沙袋	体育运动
唱歌	打游戏	赞美自己	宠物
花草	听音乐	偶像	画画	逛街购物
泡澡	做手工	点香氛	看娱乐节目
刷网页	吐槽	乐观思考	

主题 2
生死方寸间

活动目的

1. 明白生命是有限的，理解死亡是生命的一部分，与其惧怕死亡，不如过好生命中的每一天，让生命更有意义。

2. 感悟生命的美好，体验人生的价值与意义，学会珍惜生命，承诺不轻易结束自己的生命。

准备工具与材料

1. 骰子（每组 1 个）。

2. 生命方格（活动单 1）。

3. 长命百岁棋盘（活动单 2，每组一张）。

4. 长命百岁回合记录表（活动单 3，每人一张）。

5. 长命百岁一生盘点（活动单 4，每人一张）。

6. 死亡卡、变通卡模板（活动单 5，每组一套）。

活动内容与流程

暖身活动：生命方格（5min）

活动步骤

1. 带领者给每个人分发一张生命方格（活动单1），并对活动单进行简要介绍：如果按照人均寿命75岁来算，人的一生就有900个月。如果用一个小方格代表一个月，那么在一张A4纸上就可以用30×30的900个方格代表完一生。

2. 带领者请参与者根据自己的出生年月，计算自己已经活了多少个月，用彩笔在方格上从左到右、从上到下依次填涂颜色表示。例如，活了12岁6个月，就等于12（年）×12（月）+6（月）= 150（格），则刚好涂满前五行。

3. 带领者请参与者分享填涂完后的感受和发现。

引导要点

★ 生命可贵，不要浪费。

技能 UP

★ 带领者可以分享自己的生命方格和感受作为示范。

★ 带领者也可以请参与者用不同的颜色标注预计人生中关键的一些事件大概所处的格子，如考大学、找工作、结婚、生子等，然后结合现在的年龄谈感受。

主题活动：长命百岁（30min）

活动步骤

1. 带领者将参与者每三至四人分成一个小组，每组分发一张长命百岁棋盘活动单（活动单2），每人分发一张长命百岁回合记录表（活动单3）、一张长命百岁医生棋盘活动单（活动单4）。

2. 小组内成员按照以下规则进行棋盘游戏。

A. 组内每人在长命百岁一生盘点活动单上写下自己期待活的岁数（≤ 100岁），

在长命百岁棋盘上圈出对应数字。

B. 组内每人选择一个小物件（如橡皮、笔盖、纸团等）代表自己的"棋子"，轮流扔骰子前进，目标是走到自己期待的岁数。扔到不同的点数需要执行不同的任务并填写长命百岁回合记录表。

一点：说出自己喜爱的人或者事，或者爱自己的人，前进一格，否则原地暂停一回合不能前进。

二点：说出一件感恩的事情，前进两格，否则原地暂停一回合不能前进。

三点：说出一个自己已经取得的成就，前进三格，否则原地暂停一回合不能前进。

四点：抽选死亡卡，根据死亡卡（活动单5）上的指令决定死亡方式（疾病、意外、自杀、寿终正寝）。

抽到"寿终正寝"：前进四格并继续下一轮游戏。

抽到"自杀"：说明一个自己不能死的理由，方可继续前进4格。自己不能说出时，需由小组成员帮忙说出。如果小组成员都说不出，自己在当下格子"死去"，小组其他成员受到影响，退后四格。

抽到"意外"或者"疾病"：由小组其他成员指定一种意外/疾病死亡方式，自己需要说出避免或者降低死亡风险的方式，方可继续前进四格。

抽到死亡卡，如果未按要求说出指定内容，即在当下格子"死去"，请将"棋子"留在该格。其他小组成员为其"默哀"三十秒后继续游戏。

五点：说出一个自己生命存在的意义或者让自己生命更有意义和价值的方法，前进五格，否则原地暂停一回合不能前进。

六点：顺风顺水，直接前进六格。

C. 变通卡：正式开始游戏前，参与者通过扔一次骰子获得变通卡。骰子点数代表获得的变通次数。如，骰子点数为3，即获得3次变通次数。变通卡用于在游戏中扔到除4点以外的其他点数，说不出指定内容时，避免一次暂停。

变通卡使用条件：在全体成员中寻找一位成员为TA提供一项力所能及的服务、或曾经那位成员已服务或帮助过TA。

D. 不重复原则：每个人扔到自己之前已经扔过的点数时，要求说出自己之前没有说过的答案。

E. 走到目标年龄或者在游戏中"死亡"的人结束游戏，其他人继续游戏。结束游戏的参与者可以结合长命百岁回合记录表，填写长命百岁—生盘点活动单。

3. 带领者请参与者补充完善长命百岁—生盘点活动单，并于小组内分享交流后在大组分享。

A. 我的一生经历了什么？我有什么感受？

B. 我对于生死有什么新的认识？

C. 游戏之后，我可以为自己的人生做点什么？

🚩 引导要点

每个人都必将面临死亡，死亡是生命的一部分。

死亡无处不在，什么时候会死是未知的。与其惧怕死亡，不如过好当下的每一天。

生命的意义是由你自己去发现和创造的。

🔍 技能 UP

★ 带领者可以提前准备更多的卡片供参与者抽选，如指定意外为交通事故、溺水、高空坠物、地震灾害、疫情等。

★ 不必等到每位参与者都走到目标年龄才结束游戏，带领者可根据活动时间灵活把握，适时宣布游戏结束，可以组织参与者讨论：没有活到我预期的年龄，我有什么感受？

★ 带领者需要引导参与者理解，"说出自己已经取得的成就"中所指的成就并不一定要非常大，可以是小小的进步，比如学会了一项新技能，弄明白一道过去没明白的难题等。

总结（5min）

1. 生命是有限的，死亡是生命的一部分，是每个人的必经之路。

2. 与其惧怕死亡，不如思考如何好好度过这一生。

3. 我们每个人都在创造自己独一无二的生命意义和价值。

活动单 1

生命方格

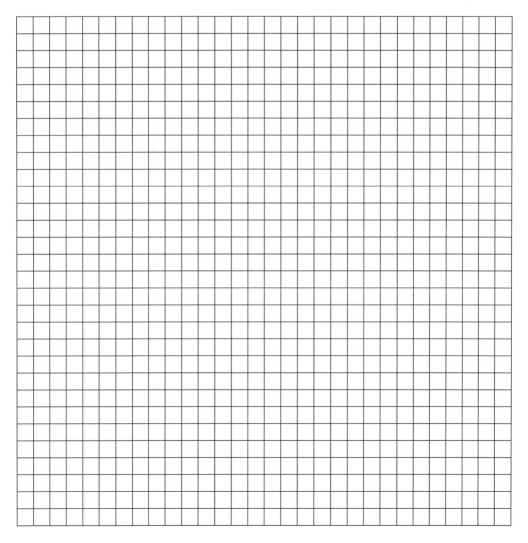

活动单 2

 长命百岁棋盘活动单

1	2	3	4	5	6	7	8	9	10
36	37	38	39	40	41	42	43	44	11
35	64	65	66	67	68	69	70	45	12
34	63	85	86	87	88	89	71	46	13
33	62	84	97	98	99	90	72	47	14
32	61	83	96	长命百岁	91	73	48	15
31	60	82	95	94	93	92	74	49	16
30	59	81	80	79	78	76	75	50	17
29	58	57	56	55	54	53	52	51	18
28	27	26	25	24	23	22	21	20	19

活动单 3

 长命百岁回合记录表

回合数	所扔点数	执行操作

活动单 4

长命百岁一生盘点

我预期活到（　　）岁，实际活到（　　）岁。

我的死亡方式：（　　　　　　　　　　　　　　　）。

我的临终感言：（　　　　　　　　　　　　　　　）。

回顾我这一生……

我有这些喜爱的人或者事物 / 爱我的人：

我有这些感恩的事：

迄今为止，我取得了这些成就：

我的生命因为这些变得有意义有价值：

我这一生曾经和死亡擦肩而过共计（　　）次，具体遭遇了：

【疾病】（　　）次。

参考该格式进行盘点罗列：在（　　）岁，我得了（　　）病，避免死亡或降低死亡率的方式是（　　　）。

A.

B.

C.

……

【意外】（　　）次。

参考该格式进行盘点罗列：在（　　）岁，我遭遇了意外事件（　　　　），避免死亡或降低死亡率的方式是（　　　）。

A.

B.

C.

……

【自杀】（　　　）次。

参考该格式进行盘点罗列：在（　　）岁，我想到了自杀，但是我不能自杀，因为（　　　）。

A.

B.

C.

……

活动单 5

 死亡卡、变通卡模板

死亡卡
（正面）

寿终正寝

自杀

疾病

意外

死亡卡（背面）

变通卡

死亡卡

变通卡

可变通　次

综合实践

生命旅程

活动目的

1. 体会生命的珍贵、独特、来之不易，学会呵护生命、珍惜生命。

2. 正面面对成长中的挑战，发掘成长过程中的宝贵经验。

准备工具与材料

1. 新鲜鸡蛋（每人一个）。

2. 水彩笔，马克笔。

3. A4 打印纸若干。

活动内容与流程

活动启动与要求

带领者分发新鲜生鸡蛋，介绍活动规则。

A. 请仔细观察你自己的鸡蛋，它有哪些特征？你觉得它和其他鸡蛋有什么不同？

B. 如果用这个鸡蛋象征自己，请给它取个名字。

C. 用彩笔修饰自己的鸡蛋，画出它的特征或特质。

D. 接下来一周时间，请每天带着你的鸡蛋上学，让它随时随身跟着你，用你自己的方式保护它不受伤害。

E. 一周后创编一个鸡蛋历险的故事并画下来。

F. 如果鸡蛋在这个过程中被打碎，参与者要在原地默哀 3 分钟，再把破碎的蛋壳收集起来，把蛋壳创造成新的物品。

实践过程

1. 一周后，参与者在小组内向组员展示自己的"鸡蛋宝宝"。

2. 参与者在小组内向组员讲述创编的鸡蛋历险故事，组员可以向其提问，并反馈自己喜欢这个故事的哪些方面。

收获与分享

带领者提问并组织参与者分享。

A. 本周保护鸡蛋的过程中你的感受是什么？哪个情境令你印象深刻？

B. 你的"鸡蛋宝宝"经历了哪些事件？在故事中它是怎么应对的？

C. 在历险故事中，你听到了哪些"鸡蛋宝宝"的积极品质？其中，你最欣赏的积极品质是什么？

引导要点

★ 每一个生命都是珍贵和独一无二的。

★ 生命非常宝贵、来之不易，需要用心呵护。

★ 生命成长过程中既有挑战，也有宝贵的经验。

技能 UP

★ 带领者在倾听参与者的故事的过程中可以不断带领其总结出"鸡蛋宝宝"的积极品质。

★ 有时我们不能跳出自己的人生，但我们在给予"鸡蛋宝宝"生命的时候会发现我们原来可以给予的也有很多。

★ 在此过程中，可能会经常发生鸡蛋破碎的情况，带领者一方面要让参与者通过"默哀"引起他们对生命不可逆的重视；另一方面通过对破碎鸡蛋重新创造，让参与者领悟生命破碎也是一个新生的机会，生命仍然有它的展现形式和价值。

★ 带领者要和参与者的班主任事先沟通好此项活动计划。

总结

1. 每个生命都是独一无二的，生命需要珍惜和呵护。

2. 人生的历险故事充满挑战，但也隐藏了一个个有价值的礼物，如果我们发现了，就是我们成长中的宝贵经验。

单元反思

成长反思

事实（Facts）：

感受（Feelings）：

发现（Findings）：

未来（Future）：

成长加油站

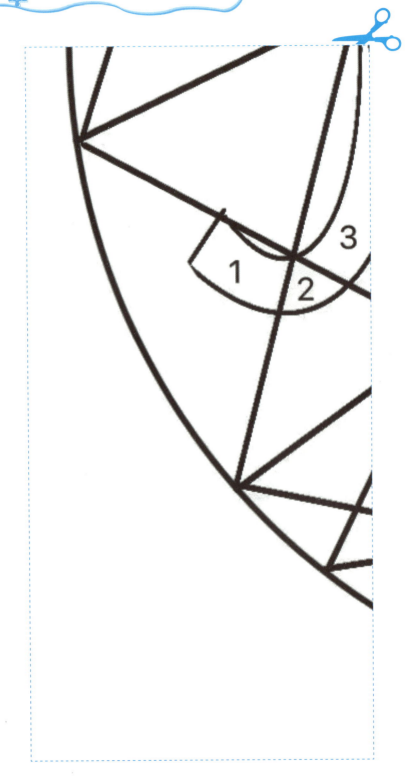

参考书目：

1. 洪中夫 . 玩出反思力 [M] . 北京： 华文出版社，2015.

2. 金树人 . 生涯咨询与辅导 [M] . 北京： 高等教育出版社，2007.

3. 邓淑英，麦淑华 . 青少年团体心理活动培训手册：从体验到收获 [M] . 上海：华东师范大学出版社， 2020.

后　记

　　在本书即将付梓之时，新冠肺炎疫情已肆虐全球两年有余。疫情对青少年的心理健康产生了非常明显的影响，疫情期间学生心理问题发生的比例急剧上升，心理危机事件屡见报端，令人悲痛惋惜。世界卫生组织预计，后疫情时代，人们对心理健康和精神卫生的需求将大幅度增加，青少年的心理健康教育刻不容缓。党和国家领导人多次进行了重要批示，提出要"加强源头治理，全面培育学生的积极心理品质"，要"把全面加强和改进学生心理健康教育工作作为培育担当民族复兴大任的时代新人的重要内容"。我国青少年心理健康教育事业即将迎来新的发展契机。衷心希望本手册的出版能够为新时期青少年心理健康教育事业的推进尽一份薄力，为更多的心育同行者提供一份助力。

　　本手册由曹璇、曾艳和李想共同策划，所有编写人员都是长期从事中小学心理健康教育、具有丰富经验的教育同行。曹璇对全书进行了主审，曾艳、李想和易姜琳参审。各单元编写安排如下：孟泓沁负责编写"积极适应"，易姜琳负责编写"情绪管理"，赵鹏霞负责编写"自我悦纳"，曾艳、易姜琳负责编写"沟通协作"，付玉负责编写"心理弹性"，曾艳负责编写"青春飞扬"，陈熙负责编写"生涯规划"，曾艳、易姜琳和付玉负责编写"生命教育"。各单元的最后一课为"综合实践"活动方案，由李想负责编写。全书插图主要由黄颖绘制，部分插图和材料由活出精彩课程授权使用。

　　为帮助读者朋友更有效地使用本书，我们提供配套的师资培训课程，如有需要，可以关注"回声社工"公众号或发邮件联系我们获取。邮箱地址为 chengduhuisheng@163.com.

　　本手册在编写过程中参考借鉴了部分文献和著作，在此表示衷心的感谢。由于水平有限，且时间仓促，不足之处在所难免，敬请广大读者批评指正，同时更期待您的反馈交流！